KB190141

평범한 말들의 편 가르기,

차별의 말들

평범한 말들의 편 가르기,

태지원 지음

차별의 말들

무심코 쓰는 말에 숨겨진 차별과 혐오 이야기

앤의
서재

프롤로그

편 가르는 말을 환대의 언어로 바꾸기

30대 초중반, 중동에서 일하게 된 남편을 따라가 그곳에서 5년 간 지냈다. 겨울은 그럭저럭 살만했지만 여름이면 평균 기온이 40~50도에 육박해 숨 쉬는 것도 쉽지 않았다. 뜨거운 햇빛이 내 뒤통수를 내리치는 것 같았다.

건식 사우나 같은 공기나 뜨거운 볕보다 불편했던 건 '시선'이 었다. 길거리나 쇼핑몰을 걸어 다닐 때면 느낄 수 있는 현지인의 시 선. 무조건적인 거부나 혐오의 시선은 아니었다. 현지인들은 대다 수 친절했다. 그러나 흔치 않은 동양인을 호기심으로 훑는 시선은 늘 있었다. 이따금 놀이터에서 노는 우리 아이에게 눈 찢는 시늉을 하는 짓궂은 현지인 아이도 있었다.

그곳에서 이방인이자 경계인이라는 감각을 처음 느꼈다. 동시 에 한국에서의 내 삶과 역할이 얼마나 안전하고 익숙한 것이었는 지 깨달았다. 대한민국에서 나는 직업인이었고, 이성애자였고, 비 장애인이었다. 안온한 삶이었다.

해외에서의 나는 '경계 바깥의 인간'이었다. 가끔은 편견과 차별의 시선도 감내해야 했다. 혼란스럽고 외로운 생활이었지만, 얻은 것도 있다. 새로운 안테나를 장착하게 됐다는 점, 익숙한 것을 낯설게 보는 감각이었다.

5년의 해외생활을 마치고 귀국한 뒤 한국에서도 이 안테나를 종종 가동해 봤다. 사람들 사이에 떠도는 말, 인터넷 세상을 스치는 단어와 문장을 곱씹고 헤집어 보곤 했다. 언어에는 묘한 힘이 있다. 어떤 단어나 문장은 날 선 칼처럼 사람 사이를 갈랐다. 이쪽 편과 저쪽 편 사이에 장벽을 세우는 말도 있었다. 궁금증이 솟았다. 이 날 선 말은 어디에서 비롯된 걸까.

답을 찾으려 이런저런 자료를 뒤적여 봤다. 그 근원은 대체로 '생각의 틀'이었다. 대다수의 인간은 인지적 편리함을 추구하려는 경향을 품고 있다. 이건 오래된 진화의 산물이다. 인류가 생존하는 데는 협력과 공존이 필수였다. 낯선 상대를 마주할 때마다 그가 아군인지 적인지 파악해야 살아남을 수 있었다. 덕분에 마주하는 상대를 판별하기 위한 틀을 장착하게 됐다. 상대의 피부색이나 눈빛, 출신 지역이나 민족을 보며 범주화하면 가까이해야 할 이와 멀리해야 할 이를 구분할 수 있었다. 아군과 적군을 가르는 잣대는 갈수록 다양해졌다. 성별, 연령대, 민족, 인종 등으로.

편리함을 추구하는 방식은 때로 인지적 게으름으로 이어진다. 복잡한 사고 과정 없이 상대를 거칠게 범주화하다 보면 누군가를 틀 안에 가두기 쉽다. 이 고정관념의 틀 안에서 누군가는 적이 되고 누군가는 아군이 되었다. 그리스 신화 속 악당 프로크루스테스가 자신의 침대를 기준으로 삼아 침대보다 키가 작거나 큰 사람들의 신체를 늘이거나 자르듯, 누군가를 맞지 않은 틀에 넣고 판단하는 일도 있었다. 고정관념이 편견을 불러오고, 때로는 차별의 말을 이끌어냈다.

인간은 누구나 행복과 불행, 기쁨과 슬픔, 성취와 좌절을 겪고, 각자의 사연을 품은 채 살아가는 존재다. 그러나 고정관념의 틀 안에서 개인은 파편화된다. 상대의 서사와 맥락은 제거되고 때로는 인격과 감정도 계량화되고 범주화된다. 이 과정에서 누군가는 숫자나 도구로 취급받으며 차별과 혐오를 감내해야 했다. 편과 장벽을 가르는 말은 이렇게 생겨났다.

노골적으로 선을 긋거나 편견을 담은 게 아니라, 너무나 낯익어서 편을 가르는 말도 있다. 정상이나 등급, 평범이나 완벽, 가난이나 자존감처럼 누구나 듣고 건네는 말들이다. 그러나 평범하고 낯익은 만큼 단어의 해석이 한 방향으로만 굳어진 경우가 많다. 그 비좁은 해석이 불변의 법칙이 되어 사람 사이의 편을 가르거나 선을 긋기도 한다. 정상과 비정상을 가르고 등급 나누기 속에서 누군가를 소외시키고, 공감능력이나 자존감의 유무로 타인을 섣부르게 판별하게 만드는 게 그 예다.

이 책에서는 이처럼 익숙하지만 사람 사이의 편을 가르는 8가지의 단어—정상, 등급, 완벽, 가난, 권리, 노력, 자존감, 공감—와 그 안에 숨은 고정관념과 편견의 틈새를 살펴봤다. 원고를 쓰면서 자주 반성했다. 나 역시 좁은 생각의 틀에 갇혀, 수차례 잘못된 말을 거듭했단 사실을 깨달았기 때문이다. 직접적으로 나이를 물어보기 쑥스럽다는 이유로 상대의 학번을 묻거나, 유명인의 인터넷 사진을 보며 그가 완벽한 외모의 소유자인지 판가름하곤 했다. 정상과 비정상의 경계를 긋고, 타인을 MBTI나 혈액형의 범주에 가둬둔 채 판단하고 한쪽 편으로 몰아넣는 일도 종종 있었다.

반성의 시간을 가지며 단어의 새로운 해석도 탐색해 봤다. 좁은 해석을 바꿀 수 있는 새로운 말이나 시선이 있을까 고민해 봤다. 말은 힘을 품고 있으니까. 언어는 높다란 장벽을 짓기도 하지만, 허물 수도 있는 존재니까. 경계를 풀고 타인을 환대하는 새로운 시선을 찾아보려 했다. 말이 우리를 가르고 구분 짓는 도구가 아닌, 벽을 부수고 품는 소통의 도구가 되는 데 이 책이 작은 밀알이 된다면 더없이 기쁠 것이다.

이 원고가 책으로 나오기까지 고생해 주신 편집자와 앤의서재에 감사의 말씀을 전하고 싶다. 더불어 이 책을 읽는 모든 분들께도.

2025. 3.
태지원

차례

프롤로그 4

PART 1. 정상

'사모님'과 '어머님', 익숙하고도 낯선 이름

나의 무례한 질문 17 | 견고한 틀이 불러오는 말 18 | '정상'에 속하라는 주문 21 | 곳곳에 숨어있는 '금 긋기'와 '밀어내기' 24

평균 올려치기의 세상

'월 500만 원은 기본'이라는 평균의 환상 30 | 평균은 어떻게 전형적인 것이 되었나 33 | '그사세'가 '평범'으로 포장되는 마법 37 | 정규 분포 곡선 바깥에도, 삶은 있다 40

이런 나, 비정상인가요?

'정상'의 탄생 44 | 정상성, 새로운 배제의 말 47 | 정상이 규범이 되지 않으려면 49

PART 2. 등급

'레테', 무한 등급 나누기의 세계

신발부터 아파트까지, 등급 가르기의 확장판 60 | 서열 매기기, 그 기원을 찾아서 62 | 황금 티켓은 없다 66

마포 더 센트럴 프리미엄 포레스트

택배 지상 출입을 금지합니다 77 | 빗장을 걸고 만든 그들만의 세
상 79 | "너 어느 동네 사니?"라는 질문에 숨겨진 욕망 82

PART 3. 완벽

육각형 인간과 올드머니 룩 : 완벽에 가까운 인간의 탄생

올드머니 룩, 타고난 것에 대한 선망 90 | 완벽함을 동경하는 시
대 94 | 완벽에 대한 새로운 규정 97

당신도 갓생을 사십니까

분초 단위로 부지런하게 살아야 한다는 강박 105 | 모두를 위한
정답은 없다 109

PART 4. 가난

'가난한 동네의 특징'이란 글

가난도 품성이 된 시대 118 | 차브 파이팅 프로그램 121 | 결핍의
덫에 걸린 사람들 124 | 가난한 삶에도 다채로운 서사가 있다 129

'가난하면 애 낳지 말라'는 조언

대학 입학이라는 장벽 137 | '개천에서 용' 신화의 붕괴 139 | 입
시 경쟁이 끝이 아니다 142 | 자조와 섣부른 조언을 넘어 144

빈자의 롱패딩과 돈가스

　　빈곤 포르노의 민낯 150 | 지하철 냄새와 삶의 주체 154

PART 5. 권리

왜 바깥에 나가 돌아다니느냐는 말

　　"나에게 어째서 이런 일이" 161 | 지하철 환승, 지옥의 레이스 163
　　| "시민이 볼모"라는 말 167 | 길거리 시위, 19명의 갱단 169 | "호
　　의가 계속되면 권리인 줄 안다"는 말 172

'고객이 왕'인 세상의 비밀

　　"사랑합니다, 고객님" 속 자본주의 논리 180 | 무한 친절의 풍경 185

권리 오독의 세상

　　"내가 낸 세금으로 월급 받는 주제에"라는 말 194 | '누칼협'의 세
　　상 197 | 권리 오독에서 벗어나기 199

PART 6. 노력

노력한 만큼 대접받고 싶다는 말

　　능력주의에 가려진 것들 206 | "돈도 실력"이라는 말 212 | 능력
　　과 노력의 베이스캠프 215

활동 상태 '쉬었음'과 노력 부족이라는 낙인
　　무엇이 청년들을 방 안에 가둬놓는가 222 ｜ 눈을 낮추면 못 할 게
　　없다는 충고보다 224

PART 7. 자존감
자존감 대유행 시대
　　자존감 높이기 교육의 효과 233 ｜ 자존감은 정말 만능 치트키일까 236
자존감과 쓸모의 사회
　　자본주의 사회의 쓸모에 대하여 242 ｜ 집에서 논다는 그 얘기 244
　　｜ '쓸모'라는 고민의 기원 248 ｜ 쓸모없음의 쓸모 251

PART 8. 공감
"너 T야?"라는 말에 담긴 해묵은 논란
　　마음의 공명은 어떻게 일어날까 259 ｜ 공감은 정말 모든 걸 해결
　　할까 262 ｜ "공감능력이 문제"라는 말 264 ｜ 너무 깊은 공감이 가
　　져온 차별 266 ｜ 필터 버블의 세계 270 ｜ 나의 형편없음을 알아차
　　릴 때 273

　　참고문헌 276

PART 1.

정상

'사모님'과
'어머님',
익숙하고도
낯선 이름

비혼인 지인의 일화를 들었다. 아파트 인테리어를 위해 업체 직원을 만나는 자리였다. 상대는 지인을 '사모님'이라 불렀다. 곧 이어 '사장님'은 어디 계시냐는 질문이 이어졌다. 지인은 잠시 머뭇했다. 존재하지 않는 사장님의 존재를 상대에게 무어라 해야 할까. 고민 끝에 사장님은 지금 멀리 있다고 대답했다.

지인의 이야기를 듣고 '사모님'이라는 단어를 되짚어 봤다. 내겐 불편한 단어가 아니었다. 평소 사모님처럼 대우받는 삶을 누리기 때문은 아니다. 부동산이나 인테리어 업체에서 일정 연령 이상의 여성을 부를 때 종종 사용하는 호칭임을 알았기 때문이다. 사장님은 어디 계시냐는 물음에도 고민한 적이 없다. 나에게는 '남편'이 있으니까. 곱씹어 보면 내가 기혼 여성이고, 아이를 가진 여성이기에 불편하지 않았던 것이다. '사모님'은 일정 연령대 이상의 여성을 '남성의 아내'로 간주하고 부르는 호칭이므로.

고정관념을 품고 사는 건 타인만이 아니었다. 비대면으로 마주하던 이들과 첫 오프라인 모임을 가진 자리였다. 화면으로 만날 때 우리는 서로를 '선생님'으로 지칭했다. 결혼 여부, 직업이나 나이를 공개적으로 밝힌 적이 없었다. 추측할 뿐이었다. 옆에는 내 또래인 여성 분이 앉아있었는데 역시 실제 대면한 건 처음이었다. 대화의 공백을 두려워하는 나는 상대에게 '아이 돌보는 게 정말 힘들지 않냐'는 요지의 질문을 몇 번 건넸다. 동질감 형성을 염두에 둔 대화였다. 상대는 질문에 대답하지 않고 모호한 웃음을 지었다.

의아한 마음이 들 때쯤, 그분이 이혼을 했으며 홀로 지낸단 사실을 고백했다. 얼굴이 화끈해지는 순간이었다. 낡은 사고방식과 고정관념을 비판하는 글을 인터넷에 올리고, 책을 쓰던 나였다. 나름 열린 사고의 소유자라는 자부심도 품고 있었다. 그 자신만만함이 얄팍한 것이었음을 실감한 순간이었다. '내 또래의 여성은 아이를 둔 기혼일 것이다'라는 가정을 가지고 상대를 마주한 것이었다. 악의 없이 저지른 일이었으나, 명백한 결례였다. 상대가 '미혼'이거나 '비혼'이거나 '무자녀'일 수 있다는 전제를 배제한 질문이었으니. 집으로 돌아오는 길에 곰곰이 생각해 봤다. 처음으로 대면하는 이에게 남편과 아이 얘기를 꺼냈던 자신감, 그 자신감은 무엇에 밑바탕을 둔 것이었을까.

나의 무례한 질문 ———

'정상가족 이데올로기'란 게 있다. 사회에서 '정상'으로 여겨지는 가족의 틀을 규정하고 강조하는 이념이다. 어릴 때 접하던 미디어 속 '화목한 가족'의 틀이나, 학기 초에 학교에서 나눠주던 가정환경 조사서를 떠올려 보면 쉽게 이해할 수 있다. '부부와 그들의 자녀로 구성된 가족'이 드라마 속 화목한 가정의 본보기로 등장하곤 했다. 최근에는 대다수 사라졌지만, 과거에는 부와 모로 이루어진 가족을 전제한 가정환경 조사서 양식이 일반적이었다.

누군가를 부르는 호칭도 크게 다르지 않다. 상점이나 음식점, 행사장에 갔을 때 중년 이상의 남녀를 '아버님', '어머님'이라 부르는 경우가 많다. 친근함을 강조한 호칭이지만, 특정 연령대 이상의 남녀를 '이성 간의 결합이나 혈연으로 가족을 맺은 이들'로 구획하고 한정 짓는 단어가 될 수 있다.

구호단체 활동가였던 김희경은 자신의 저서 《이상한 정상가족》을 통해 정상가족 이데올로기를 파헤친 바 있다. 그는 대다수 사람들이 정상과 비정상 사이에 금을 쉽게 그어놓고 정상과 비정상을 서로 동떨어진 것으로 생각하는 경향이 있음을 지적했다. 더 나아가 정상가족에 대한 생각이 가족 내 폭력이나 아동학대를 사소한 것으로 넘기게 하는 원인이 된다는 사실을 언급한다.

'정상가족' 이데올로기는 가족의 형태를 이분화한다. 앞서 말했듯 부부와 자녀로 구성된 가족을 정상의 범위에 두고, 그 바깥 범위의 가족은 비정상 또는 부족한 상태로 분류된다. 이성 간 결혼을 선택하지 않은 1인 가구, 동성 결혼 커플, 혈연으로 이루어지지 않은 입양 가족이나 재혼 가족, 조손 가족 등은 정상이 아닌, 또는 정상에서 동떨어진 가족 형태로 분류된다. 부모—가족 관계로 이루어지지 않은 다세대 가족이나 무자녀 가족 역시 이 안전한 범주에서 벗어난 것으로 간주된다.

견고한 틀이 불러오는 말 ──────

나는 결혼 후 기혼 여성으로 특별한 권리를 누려왔다고 생각한 적이 없었다. 기본적이고 당연한 삶의 형태로 생각했을 뿐. 내가 만나는 주변 사람들—이를테면 아파트 단지나 직장 내, 학부모 커뮤니티 속 지인들—은 대다수 기혼 여성들이었으니까. '기혼의 세계' 속에서 아이와 남편을 주제로 대화를 나눴고, 아이를 낳은 뒤에는 육아의 어려움을 토로하는 대화를 꽃피웠다. 당면한 삶의 문제와 고민을 타인과 나누면 위안이 됐다. 나름의 연대감도 마음을 든든히 채워줬다.

세상을 보는 시야가 미묘하게 바뀐 건 글을 쓰면서부터다. 온라인 플랫폼에 글을 쓰면서 다양한 온라인 이웃들을 만났다. 1인 가구를 선택한 이들, 이성의 배우자와 아이로 구성된 것이 아닌, 다른 형태의 가족을 꾸린 이들이 있었다. 세상에는 다채로운 삶의 형태와 욕구가 존재한다는 사실을 글이나 책이 아니라 현실로 체감한 순간이었다.

동시에 기혼 여성으로서 자연스럽게 여겼던 것들이 당연하지 않을 수 있단 사실도 알았다. 비혼이나 1인 가구로 지내는 이들의 삶을 자유로울 거라 막연히 부러워하던 나였다. 그 삶을 택함으로써 그들이 치러야 하는 일상 속 불편함은 헤아린 적이 없었다. 아예 상상조차 해보지 않았다. 내가 꾸리는 가족의 형태가 다수이며 주류란 생각을 품고 있었으므로. 나의 무례한 질문은 상상력 결여에서 나온 거였다.

정상가족의 형태를 당연한 것으로 여기고 건네는 질문은 여전히 세상에 널려있다. **결혼은 언제 하셨어요?, 아이가 몇 명인가요?** 식의 의문문도 그 예다. 비혼이나 무자녀의 삶을 선택했다면 섣불리 대답하기 어려운 질문이다.

조언을 가장해 훈수를 두는 경우도 있다. 비혼이나 무자녀를 결심한 이들에게 날리는 그래도 결혼하고 아이를 낳아야 사람이 철든다는 말이 대표적이다. 이 조언은 가족의 형태를 다르게 선택한 상대를 한순간에 미성숙한 존재로 만들어버린다. 사정상 결혼이나 출산을 선택할 수 없는 이들에게는 큰 상처가 될 말이기도 하다. 한부모 가족에게 아빠(엄마)가 있어야 애가 제대로 큰다며 타인의 상처를 아무렇지 않게 헤집기도 한다. 이런 말은 아빠-엄마-아이로 이루어진 가족이 아니면 '완성되지 못한', '제 기능을 하지 못하는 형태의 가족'으로 몰아넣어 상대의 마음에 비수를 꽂는다.

무심코 건네는 말 몇 마디가 그리 대수로운 일인가, 반문할 수도 있다. 그러나 듣는 이의 입장에서는 대수로운 일이 되기 쉽다. 협소한 '정상'의 바운더리에 속하지 않는 이들을 미묘하게 배제하는 근원이 되니까. 더불어 듣는 이의 입장에서는 자신이 속한 가족의 형태에 의심을 품게 된다. '우리 가족은 무언가 결핍된 상태의 가족'이라는 결론에 이르기도 한다.

사소한 질문과 조언 몇 마디로 타인의 삶을 멋대로 규정짓는 것도 문제다. 입장을 바꾸어 비혼인 상대가 기혼자에게 결혼해서 아이를 키우는 사람들은 모두 불행한 삶을 사는 것 같다는 말을 건넨다고 상상해 보자. 같은 범주에 속하더라도 개별적인 인간이 누리는 삶의 모양새는 제각기 다르다. 가족 구성원의 모습에 따라 행幸과 불행不幸의 얼굴 역시 다른 모습으로 찾아온다. 비혼, 미혼, 기혼, 다세대 가족 등 한 가지 범주에 속한다는 이유만으로 타인의 삶을 제멋대로 재단하는 것은 그 자체로 실례다.

정상가족 이데올로기는 '언어의 세계'를 건너 미묘한 차별로 이어진다. 2018년 여성 가족부에서 실시한 한부모 가족 실태조사에 따르면, 한부모 가족의 약 16%는 이웃, 학교·보육시설 종사자, 심지어는 가족과 친척으로부터도 차별을 경험했다. 같은 해 진행한 다문화가족 실태조사에서도 30.9%가 사회적 차별을 경험한 적이 있다고 답했다.

'정상'에 속하라는 주문 ———

누군가는 반문할 수 있다. 결혼과 출산이라는 '정상'의 길을 택하지 않았으니, 불편한 말 몇 마디는 감내해야 하는 거 아니냐고. 몇 마디 말을 듣는 게 억울하면 '아이 있는 기혼'을 택하면 되지 않느냐고 말이다.

정상가족 이데올로기가 다른 가족의 형태를 택한 이들에게만 영향력을 행사하는 걸까. 그렇지 않다. 겉보기에 정상가족의 형태를 이룬 사람이어도 그 내면에는 복잡다단한 사연이 숨어 있다.

멀리 갈 필요 없이 어린 시절 내 사례를 들어보겠다. 어린 시절 아버지는 우리 가족이 처한 고통의 근원이었다. 몇 달에 한 번씩 술을 먹고 포악을 부리거나 집기를 깨부쉈다. 어린 시절 아버지의 모습을 보며 차라리 엄마가 아버지와 결별하고 이 가족 형태로부터 해방되는 게 낫지 않을까, 싶기도 했다. 그런 식으로라도 가족의 불안과 고통을 끝내기를 바랐다. 그러나 엄마는 이혼하지 않고 결혼생활을 감내하는 쪽을 택했다. 우리 집의 실질적인 가장은 모친이었으므로 경제적인 문제도 없었는데, 엄마는 왜 그런 선택을 했을까. 의아했다.

성인이 된 후 엄마의 내심을 어렴풋이 짐작하게 됐다. 당시에는 가정을 박차고 나온 기혼 여성이나 이혼 가정의 자녀에게 쏟아지는 미묘한 편견의 시선이 지금보다 노골적일 때였다. 그녀의 선택을 두고 잘잘못을 판단하고 싶지 않다. 그러나 가족을 유지한 선택의 이면에, 경제적인 문제와 별개로, 정상가족 이데올로기와 그에 따라오는 세상의 시선을 엄마가 고려했음은 분명하다.

한국 여성의 전화에서 활동하는 도경은의 논문 〈가정폭력 피해 경험 다시 읽기—20대 피해 자녀들의 의미 만들기를 중심으로)에 의하면 정상가족 이데올로기는 가정폭력 피해자에게도 영향을 미친다. '정상'의 범주에 속하는 것들에는 '바람직함', '규범에 어긋나지 않는'이라는 전제가 깔리기 때문이다. 특히 정상가족이라는 틀은 '가정은 화목해야 한다', '가족은 서로 사랑하고 용서해야 한다'는 전제로 이어진다. 견고한 이 틀을 깨부수는 발언과 폭로는 바람직하지 않은 것으로 치부된다. 특히 부부와 자녀로 구성된 전통적인 가족은 섣불리 깨기 어려운 일로 여겨진다.

이 과정에서 가족 내 갈등이나 폭력은 터부시되거나 사소한 일로 축소된다. 가정폭력이나 학대로 정서적 피해를 입었음에도 가족을 용서하지 못했다는 이유로 비난을 받기도 한다. '정상가족'을 강요받는 사회 분위기 속에서 피해자가 스스로를 나쁜 사람으로 몰아붙이고 죄책감을 느끼는 일도 벌어진다.

정상가족의 형태에 어느 정도 진입하더라도 끝은 아니다. 오차범위 없이 한 겹 더 정교한 '정상'의 기준에 맞추라는 사회의 주문이 이어진다. 일례로 나는 결혼 후 4년간 자녀가 없는 상태로 지냈다. 그 4년간 가장 많이 들었던 조언은 **네가 생물학적으로 더 나이 들기 전에 아이를 낳아야 한다**는 말이었다. **부부 사이는 아이가 없으면 한순간 남이 되거나 틀어지게 마련이며 그러한 상황에 대비하기 위해서라도 아이를 낳아야 한다는 조언**

을 들은 적도 있다. 아이를 하나 낳은 뒤에는 그 흔한 둘째 압박
이 이어졌다. **아이가 형제 없이 혼자 있으면 외롭다**는 것이 주요
한 이유였다. 결혼한 사람은 아이 있는 삶으로 진입하라는 주문
을 받고, 아이를 낳으면 둘째는 필수라는 사회의 조언을 듣는다.
정상가족의 궤도에 진입해서 삶을 이어가라는 주문이 무의식
적으로 이어지는 것이다. 이 과정 속에서 개인이 선택할 수 있는
삶의 영역은 조금씩 줄어든다. 삶의 자율성이 침해되는 것 역시
순식간이다.

곳곳에 숨어있는 '금 긋기'와 '밀어내기' ———

정상가족에 대한 주문과 달리 현실 속 풍경은 바뀌는 중이
다. 2021년 통계를 보면, 정상가족의 범주에 속하는 '전통적 핵
가족'은 전체 가족의 28%에 불과하다. 인구 고령화와 저출산의
영향이다. 반면 결혼·혈연으로 엮이지 않은 비친족 가구원은
2021년 처음으로 100만 명을 넘어섰다. 결혼을 택하지 않고 친
구나 연인과 동거하는 가족의 비율이 높아지는 추세다.
세상 속 가족의 풍경이 변하고 있음에도 갈 길은 멀다. 2023년
한 여론조사 기관이 조사한 바에 따르면 조사 대상자의 10명 중

9명 가까이가 국제결혼·다문화가족·입양가족·재혼가족 등 부모와 자녀의 뼈대로 구성된 가족에 대해서는 '정상가족으로 볼 수 있다'고 인식했다. 그러나 혈연이나 결혼이라는 절차를 거치지 않은 동거가족, 위탁가족, 대안가족(전통적인 혈연·결혼·입양 관계는 아니지만, 함께 살며 생계를 공유하는 형태의 가족)에 대해서는 정상가족으로 보기 어렵다는 답변이 40%가 넘었다.

현실 지표가 바뀌어도 세상을 보는 시선은 큰 변동이 없으니, 우리가 쓰는 언어 역시 제자리걸음에 머무를 때가 많다. 법이나 제도 등 세상의 틀도 마찬가지다. 병원에서 긴급 수술을 받는 데 필요한 수술동의서에는 '보호자 동의란'이 있다. 대다수 병원은 이 보호자의 범위를 부모나 자녀, 배우자나 형제자매 등 친족에 한정 짓는다. 주변에 친족이 없는 이들은 아파서 돌봄이 필요해도 친구나 결혼하지 않은 동거인의 도움을 받기 어려운 것이다. 주택 구매를 위한 대출을 받을 때에도, 아파트 청약을 할 때에도 정상가족의 범위에 드는 이들을 대상으로 한 조건이나 특약이 주류를 이룬다. 1인 가구나 동거가족, 동성가족은 일상생활 곳곳에서 불이익을 감당해야 하는 것이다. '금 긋기'와 '밀어내기'는 세상 곳곳에 숨어있다.

결혼을 하라는 주문, 아이를 낳아야 성인으로서 제 기능을 한다는 조언, 가족의 다양한 형태를 배제한 채 던지는 질문은 말 몇 마디에 불과하다. 그러나 그깟 말 몇 마디는 강력한 힘을 발휘한다. "언어는 존재의 집"이라는 마르틴 하이데거의 말처럼 언어는 인간의 존재를 단순히 드러내는 공간이 아니라, 인간의 존재를 규정하는 틀이므로. 우리는 말을 건네며 나와 타인의 정체감을 쌓고 인식의 세계를 짓고 허문다. '존재의 집'을 짓기 위한 구조가 단선적이고 빈약할수록, 금 긋기와 밀어내기를 거듭할수록, 나와 타인이 숨 쉴 수 있는 자리가 협소해진다. 다채로운 삶의 구조를 상상하며 언어의 집을 지어야 하는 이유다.

식구라는 말이 있다. 먹을 '식食'과 입 '구口'를 합쳐 만든 단어로, 함께 끼니를 해결하며 유대감과 친밀감을 쌓는 관계를 지칭한다. 혼인이나 혈연으로 묶여있는 정상가족이라는 범위를 넘어선, 더 넓고 확장된 식구라는 관계를 규정해 보는 건 어떨까. 친밀감과 유대감이 누구와 함께 생기는지를 생각해 볼 때다. 낡은 가족의 틀에 퍼즐 조각을 억지로 맞추거나, 맞지 않는 조각을 내버리는 것보다, 새로운 공동체의 틀, 그것을 마련해야 할 때 아닐까.

평균
올려치기의
세상

내 키는 151cm다. 단신이라 할 수 있다. 내 짧은 신장을 애석하다거나 아쉽다고 생각한 적은 거의 없다. 도서관에서 높은 곳에 놓인 책을 꺼내지 못하거나, 높은 행어에 옷을 거는 데 끙끙댈 때나 조금 아쉽다 말할 뿐이다.

이렇게 당당한 나 역시 '평균 미달'이라는 말에 운 적 있다. 아이를 낳은 지 얼마 안 됐을 때다. 예방접종과 더불어 아이의 발달 검사를 하러 간 길이었다. 아이의 몸무게를 잰 뒤 소아과 의사가 호통치듯 말했다. "같은 시기에 태어난 애들이랑 비교했을 때 체중이 하위 25%에 머물러있어요. 아이에게 더 애써서 모유를 먹였어야죠." 순조롭지 않은 모유 수유에 지쳤던 데다, 출산 뒤 호르몬이 범상치 않게 날뛸 때였다. 눈물이 솟기 시작했다. 아이가 또래 평균에서 한참 멀어져 있다는 사실이 이상하게도 마음 아팠다.

호르몬 이상이 오지 않아도 최근엔 '평균'이 많은 이들의 마음을 아프게 하는 것 같다. 세상이 말하는 평균과 내가 마주한 현실 사이의 간극이 아픔의 근원이 되기 쉽다. 평균 올려치기란 말이 대변하는 요즘 흐름처럼.

이 말이 시작된 건 인터넷 세상이다. 2022년 한 대학의 커뮤니티사이트에 "대한민국을 망친 최악의 문화"라는 글이 올라왔다. 결혼이나 취업, 연봉 등의 실제 평균치가 있는데 그를 훌쩍 뛰어넘는 수치를 평균으로 보여주는 분위기 탓에 사람들의 눈만 높아지고 현실을 부정적으로 파악한다는 요지의 글이었다. 글쓴이는 이런 상황을 "평균 올려치기"라 명명했다.

많은 이들이 글에 공감했고 평균 올려치기는 새로운 유행어로 등극했다. 한번은 100만 명 넘는 구독자를 가진 한 지식·교양 분야 유튜버가 "진짜 한국인의 평균을 알아보자"는 제목으로 이 현상을 다뤘다. 세간에는 '집값이 10억을 훌쩍 뛰어넘는다'는 말이 떠돌지만, 통계수치를 보면 대한민국에서 자가를 소유한 이들이 전체의 과반을 넘지 않는다. 인터넷에는 '한 달 월급이 500만 원이 넘는다'는 사람들이 차고 넘치지만, 2022년 기준, 우리나라 직장인들은 한 달 평균 353만 원의 임금을 받은 것으로 집계됐다. '평균 연봉'과 현실적인 연봉 사이의 간극은 컸다. 눈에 자주 띄는 것을 평균으로 삼는, 일종의 착시 현상이 나타난 것이다.

'월 500만 원은 기본'이라는 평균의 환상 ———

한 가지 의문이 솟는다. 올려치기 된 평균과 현실 사이의 간극이 크다면, 올려치기 당하지 않은 평균은 어떨까. 그 숫자가 우리 삶을 대변할 수 있을까.

이 질문에 흥미로운 답을 제시하는 이론이 있다. 네덜란드 출신의 경제학자 얀 펜이 구안한 '난쟁이 행렬'이라는 개념이다. 한 나라의 소득을 가진 모든 사람이 일렬로 서서 가상의 행렬을 1시간 동안 지속한다. 이때 행렬은 가장 키가 작은 사람부터 등장하며 이루어진다. 재미있게도 이때의 키는 일반적인 신장을 의미하는 게 아니라, 소득을 키로 치환한 값이다.

쉽게 말해 소득이 낮은 사람(적은 소득을 지닌 사람)부터 높은 소득을 지닌 사람의 순서로 행렬이 이루어지는 것이다.

행렬의 시작이 기이하다. 두 발을 땅에 디딘 사람이 아니라 머리를 땅에 박고 거꾸로 물구나무를 선 사람들부터 등장하니까. 이들은 빚 때문에 마이너스 소득을 기록하는 사람들이다. 시간이 서서히 흐르며 시간제로 일하는 주부, 신문 배달 소년 등 키 작은 저소득층이 차츰 등장한다. 곧이어 노인, 실업자, 장사가 안 되는 노점상들이 걸어 나온다.

그런데 의아한 부분이 있다. 키 작은 사람들의 행렬이 한참 이어진다는 것이다. 상상해 보자. 소득을 평균으로 나타낸다면, 상식적으로 평균 소득을 가진 사람은 행렬의 중간쯤인 30분에 등장해야 할 것 같다. 그러나 30분이 지나도 도무지 평균 키를 가진 사람이 보이지 않는다. 평균 신장인 사람이 등장하는 건 훨씬 뒤쪽인 45분쯤이다. 심지어 48분 이후부터는 사람들의 키가 거침없이 커지기까지 한다. 군 대령이나 변호사, 의사 등 거인들의 행렬이 이어지는데 이들의 키는 수십 미터가 넘는다.

마지막 몇십 초를 남겨두고 등장하는 이들이 인상적이다. 머리가 구름에 가려 눈에 보이지 않을 정도로 거대한 키를 자랑하기 때문이다. 이 행렬을 처음 구안할 때 얀 펜이 모델로 한 건 영국 사회였다. 엘리자베스 여왕의 남편 필립공은 키가 60m에 이를 정도의 거인이고, 유명한 석유 회사 쉘의 전무이사는 키가 110m에 닿을 정도다. 거대한 소득 부자의 존재를 알려주는 장면이다.

이 1시간 동안의 행렬이 시사하는 바는 뭘까. 평균의 왜곡이다. 압도적인 전교 1등이 있으면 반 전체 평균이 올라가듯, 한 나라의 평균 소득은 고소득층과 백만장자들에 의해 높아진다. 평균값은 극단적인 수치의 영향을 받을 수밖에 없으니까. 이 때문에 다수의 저소득층이나 서민층의 상황은 상대적으로 눈에 띄지 않거나 평균이라는 숫자에 희석되기 쉽다. 얀 펜이 이 소득의 행진을 '난쟁이의 행렬'이라고 이름 붙인 이유도 여기에 있다.

우리는 흔히 '평균'이라는 수치가 한 집단 전체를 대표하는 숫자라 여기지만, 명확한 한계를 가진다. 개별 데이터의 특징을 무시하게 만들고, 때로는 현실에 대해 왜곡된 인식을 불러일으킨다.

문제는 이 왜곡된 평균이 '정상적인 삶의 수준'으로 굳어지며 발생한다. 특히 대한민국처럼 삶의 획일성을 강요하는 문화가 팽배한 사회에서는 문제가 커진다. 동질성을 지닌 삶의 정석 코스가 존재하기 때문이다. 학교를 우수한 성적으로 졸업해서 소위 인in서울 대학에 입학하고 대기업에 취업하고 결혼하고 자녀를 낳아 기르는 것이 정석이라는 규칙. 때로는 이것이 최소한 갖추어야 할 평균의 삶으로 여겨진다. 평균이 '뛰어나지도 열등하지도 아니한 중간 정도'를 뜻하는 '평범'이 되어 마음을 아프게 만든다.

그러나 이 평균이 '다수'와 '정상'을 뜻한다고 볼 수 있을까. 인서울 대학이란 '대한민국의 수도인 서울특별시 내에 소재하는 대학' 그중에서도 4년제 종합대학을 가리킨다. 서울 소재의 4년제 종합대학을 따져보면 총 42개에 불과하다. 우리나라 4년제 대학의 상위누적 19.8% 안에 들어가야 인서울이라고 불리는 곳에 들어갈 수 있는 안정권이다. 취업도 마찬가지다. 우리나라의 대기업 일자리 비율은 2021년 기준 13.9%다. OECD 32개국 중 최하위로 전체 평균(32.2%)의 절반에도 미치지 못한다.

'평범'한 인서울 대학에 입학해서 '평범'한 대기업에 취업하고 '평범'한 소득과 행복을 일구며 살라는 조언이 난무하지만, 실상 그러한 삶은 치열한 경쟁을 뚫어야 얻을 수 있는 것들이 대다수다. 그럼에도 평균과 평범의 바운더리 안에 속하지 못하면 스스로를 낙오자로 여기기 쉽다.

이 왜곡된 평균이 다수를 대변하는 것일 수 없음에도 '평균=정상'이라는 생각이 밑바탕에 깔려있는 것이다. 평균은 어떻게 정상과 전형적인typical 것을 대표하는 단어가 된 걸까.

평균은 어떻게 전형적인 것이 되었나 ———

1945년, 미국 클리블랜드에서는 흥미로운 대회가 열렸다. 〈전형적인 여성Typical Woman, 노르마입니까〉라는 제목이 걸린 경연 대회였다.

심사 과정은 비교적 간단했다. 대회에 참가하는 여성들이 자신의 키와 체중, 가슴둘레와 엉덩이둘레, 허리둘레와 허벅지둘레, 종아리둘레와 발 치수를 써서 제출한다. 이 치수를 가지고 심사가 이어진다. 무엇을 심사한 걸까. 1942년 만들어진 '노르마'라는 이름의 조각상과 신체 치수가 같은 여성을 찾는 심사였다. 노르마는 단순한 조각상이 아니었다. 부인과 의사였던 로버트 디킨슨이 수천 건의 자료에서 평균을 산출해 추정한 치수를 기반으로, 조각가 아브람 벨스키가 창조한 '통계적 평균과 이상'을 구현해 낸 여성의 조각상이었다. (노르마의 짝이라 할 수 있는, '노르만'이라는 남성 조각상도 있었다.)

심사 주최 측의 믿음은 확고했다. 노르마가 미국 여성의 '정상 체격'을 판단하는 데 쓸모 있을 것이라는 믿음이었다. 노르마와 닮지 않은 여성, 즉 이상과 평균에서 멀어진 여성은 열심히 운동을 해야 한다는 조언까지 덧대어졌다. 심사위원들은 굳은 믿음을 토대로 예상했다. 대다수 참가자의 신체 치수가 평균치에 근접할 것이라고. 이 심사의 승부가 밀리미터 단위로 아슬아슬하게 갈릴 것이란 예측도 했다.

심사 결과 예측은 완전히 어긋났다. 노르마의 신체 치수에 근접한 사람은 흔치 않았다. 9개 항목 모두, 평균치에 가까운 여성은 단 한 명도 존재하지 않았음은 물론이고, 9개 항목의 치수 중 5개 항목에서 평균치에 든 여성은 3,864명 중 채 40명도 되지 않았다. '평균'과 '전형'은 일종의 허상이었던 것이다.

노르마라는 이상적인 평균에 대한 믿음은 어디에서 비롯

된 걸까. 19세기 아돌프 케틀레라는 벨기에 출신의 통계학자로부터 그 기원을 찾을 수 있다. 케틀레는 천문학에 경도되어 있었다. 그는 천문학자인 가우스의 오차 곡선(통계학에서 중요한 개념인 '정규 분포'를 시각적으로 나타낸 곡선이다. 대부분의 데이터가 평균값 근처에 모여있고, 평균에서 멀어질수록 데이터의 개수가 점점 줄어드는 종 모양의 분포를 보인다)을 가져와 인체 측정에 사용했다. 다시 말해 천체에서 얻은 별의 정확한 위치를 특정하는 방법을 인체의 오차 곡선에 대입해 보려 한 것이다.

케틀레는 여기에서 한 걸음 더 나아갔다. 완벽한 평균을 찾아내기 위해 스코틀랜드 군인 5,738명의 가슴둘레 측정치를 목록화한 공식데이터를 기반으로 '평균인'이라는 개념을 만들었다. 덕분에 우리가 잘 알고 있는 종 모양의 정규 분포 곡선이 인체의 평균을 내는 데에도 쓰이기 시작했으며, 이 대칭된 종 모양의 가운데에 위치한 평균인은 최초의 '정상적'이고 완벽하고 평균인 인간이 되었다.

문제는 이때 '평균'이라고 부르는 표준이 정규 분포 곡선 속 평균 데이터처럼 정확히 중간에 위치한 게 아니었다는 것이다. 그 평균의 기준이 엄격할뿐더러 편향된 것이었다. 평균과 정상의 관계를 연구한 사라 채니는 저서 《나는 정상인가》에서 역사 속 정상의 기준은 부유한 서구의 백인, 그중에서도 이성애자 남성에 맞춰 편향된 상태로 이어졌음을 지적한다. 전 세계 인류 중 이들의 기준에 부합한 사람은 12% 정도에 불과하다. 결과적으로 나머지 88%의 인류는 12%의 기준에 맞춰서 외모, 취향, 신체적 특징을 재단받고 평가받기 시작했다. 유럽과 북미 등 서구 사회가 아시아와 아프리카, 남미를 식민 지배하면서 이 '12%의 기준'은 전 세계의 표준이 되었다.

사실 평균인이라는 개념부터가 오류다. 과학 지식과 인간은 애초에 다른 특성을 지니므로. 천문학과 같은 과학 지식은 참과 거짓을 가르는 데 집중한다. 자연에는 이른바 거스르기 어려운 일반 법칙이 있기 때문이다. 그러나 인간의 세계는 다르다. 모母 집단이 다양하다. 인간의 신체적 특징을 정규 분포로 설명하고 평균을 측정하려 했지만 당연하게도 인종이나 나이, 성별이라는 변수를 넣어 모집단이 달라지면 그 평균도 달라지게 마련이다. 심지어 사람의 체중조차 그렇다. 아침과 저녁에 재는 것에 따라 중력이 달라지고 체중 역시 달라진다. 그러나 평균에 집착한 사람들은 그런 변수들을 가볍게 무시했다. 평균은 자연스레 다수, 정상을 대표하는 '고정적인' 값의 상징이 되었다. 평균의 신화는 그렇게 이어졌다.

'그사세'가 '평범'으로 포장되는 마법 ———

21세기 대한민국의 평균 올려치기 현상 역시 평균인의 허상과 맞닿는 부분이 있다. 소수의 이야기라도 자주 노출되면, 사람들은 그것을 '평균'과 '표준', '전형적인 것'으로 믿게 된다. SNS의 발달로 이른바 '과시문화'가 발달하면서 이런 현상은 심화됐다. 인스타그램이나 페이스북, 유튜브를 2~3분만 훑어도 유명인이나 인플루언서의 가정생활, 쇼핑목록, 연애 상황, 인간관계를 속속들이 알 수 있는 시대가 되었기 때문이다.

특히 인플루언서는 독특한 위치를 차지한다. 인플루언서는 많은 팔로우를 보유하고 다수에게 영향력을 미치는 존재다. 그러나 '멀찍이 떨어진 삶을 사는 듯한' 연예인에 비해서는 친근감이 있다. 팬들과도 소통을 지속하고, 평범한 이들의 생활과 그리 멀어 보이지 않는 친근한 일상을 공개하며 인기를 끈다. 그래서 인플루언서의 일상을 훑는 팔로우들은 착시 현상을 느끼기 쉽다. 노력하면 나도 닿을 수 있을 것처럼 느껴지는데, 이상하게도 닿기 어려운 삶인 것이다.

이런 상황에서 인플루언서의 겉모습과 일상은 평균치나 평범으로 비치기 쉽다. 모두가 이미 알고 있는 사실이다. 대다수가 편집된, 삶의 하이라이트에 불과하다는 걸. 마른 체형에, 정규직 직장을 가지고 있고, 몇 명 이상의 친구와 가족이 있으며, 연인과 근사한 곳에서 셀피를 찍고, 일주일에 한두 번은 핫플레이스에서 식사를 즐기고, 빛나는 성취를 누리는 일상이 결코 평범하지 않다는 걸. 그러나 '평범한 듯 평범하지 않은 비범한 일상'에 자주 노출될수록 사람들은 스스로를 낙오자로 느끼기 쉽다. 올려치기 된 이 평균은 모두가 도달해야 할 평범이 되고, 많은 이들에게 좌절감을 안긴다.

평범의 의미는 자본주의 사회 기업의 광고와 맞닿아 있기도 하다. 미국의 경제학자 존 갤브레이스는 그의 저서 《풍요한 사회》에서 현대인의 욕망을 분석했다. 그에 따르면 20세기 이후의 자본주의 사회는 가난과 굶주림에서 어느 정도 벗어난 세상이다. 이 풍요로운 세상에서 소비자에게 필요나 기능성을 내세우는 것만으로는 상품을 팔 수 없다. 기업은 광고를 활용해 사람들의 욕망을 만들어내는 방식으로 상품을 판매한다.

이를테면 기능과 디자인이 뛰어난 최신 스마트폰 광고는 '새로운 스마트폰을 들고 행복해하는 나'를 상상하게 만든다. 나이키와 같은 스포츠용품 브랜드에서는 빌딩 숲 사이를 오가는 모델의 모습을 영상으로 송출한다. 시청자의 내면에 멋진 운동화와 트레이닝복 차림으로 조깅을 하는 근사한 자신의 모습이 떠오르게끔. 점차 필요나 의지가 아닌, 광고나 선전에 의존해 새로운 상품을 구매하게 된다. 갤브레이스는 이를 의존효과로 명명했다.

광고는 소비자에게 지속적인 메시지를 주입한다. 아파트 광고에 나오는 것처럼 33평 이상의 아파트에 살고, 인플루언서의 SNS 속 일상처럼 일 년에 몇 번 이상 해외여행과 호캉스를 즐겨야 평균의 삶을 살 수 있다는 메시지를 끊임없이 쏟아낸다. 우리가 평범과 평균의 삶이라고 믿는 것 중 대다수가 광고나 미디어에 의해 만들어진 잣대일 가능성이 높다. 여기에는 일부만 누리는 평범을 당연한 기준으로 만들어 불안을 부추기는 교묘한 상술이 숨어있다.

다시 말해 21세기, SNS와 미디어 속 평균은 기업의 광고와 맞물려 특정한 삶의 기준을 당연한 것으로 설정하게 만든다. 그 '평균'의 기준을 충족하지 못한 사람들에게 상대적 박탈감과 불안을 안기며 상품 구매를 부추긴다.

평범이나 평균의 기준에 미치지 못해 마음이 아프다면, 그 말의 의미를 한번쯤 되짚어 보는 게 좋다. 내 머릿속에 존재하는 단어와 그에 딸려오는 이미지가 어디에서 비롯된 것인지. 아파트나 외식업체 광고 속에 자리한 평범이나 평균에 함몰되어 있는 게 아닌지. 의문을 던져보면, 닿지 못할 평범함을 갈구하며 불행할 일은 조금 줄어들지 모른다.

정규 분포 곡선 바깥에도, 삶은 있다 ———

평범에서 낙오해 뒤처질 수 있다는 불안은 새로운 인간형을 탄생시키기도 한다. 손에서 스마트폰을 놓지 못하는 사람들, 포모족이 대표적인 예다. 포모족은 Fear Of Missing Out의 줄임말로 소외되고 잊힐까 두려워 온라인 세상에 숨 가쁘게 접속하는 이들을 의미한다. 이들은 최신 흐름을 놓치고 트렌드에 뒤처질까 봐 걱정하고 불안해한다. 취침 전에도, 화장실에 앉아도, 아침에 일어나서도, 운전 중에도 SNS를 챙겨 보고 문자를 확인한다.

코로나19로 인한 물리적 거리두기 역시 이 신인류의 탄생을 부추겼다. 사람을 직접 마주할 일이 줄어들고 온라인에서 타인과 관계 맺기를 하는 양이 늘었기 때문이다. SNS와 카카오톡으로 재테크 정보를 쉴 새 없이 수집하거나, 최신 트렌드를 확인하고 '좋아요'를 주고받아야 평균에서 멀어지지 않을 거라는 생각에 온라인 세계를 표류하게 되는 것이다.

팬데믹 이후에 포모족만 탄생한 건 아니다. 넘치는 관계와 정보에 피로감을 느낀 일부 사람들은 바깥이 아닌 자신의 내면에 시선을 돌리기도 한다. 이들을 소외를 즐기는 인간형Joy Of Missing Out, 조모족이라고 부른다. 조모족은 운동이나 명상, 자기만의 식이요법 같은 다양한 활동을 통해 '나'에게 집중하는 시간을 보낸다. 소셜 미디어 트렌드나 유행에 휩쓸리지 않고, 스스로 고립을 택했지만 불안하거나 불행하지 않은 이들이다. 이들은 자신만의 속도와 방식으로 삶을 즐길 줄 안다.

조모족은 세상이 정한 속도에 새롭게 대처하는 방식을 보여준다. 일반적 속도에서 한 발 벗어나면, 모두가 같은 삶의 모양새와 속도에 발 디딜 필요가 없다는 걸 깨달으면, 정규 분포 곡선 바깥의 삶이 보인다. 평범에도, 평균에도, 표준에도 치이지 않는 나만의 방식을 찾을 수 있는 것이다.

이런
나,
비정상인가요?

수년 전 방영했던 〈비정상회담〉이란 TV 프로그램이 있다. 다양한 국적을 가진 젊은이들이 모여 한국 사회나 문화에 대해 토론하는 포맷의 프로그램이었다.

토론은 고민자의 사연으로 시작한다. 친구가 없다든지, 취업을 알아보지 않고 꿈만 좇는다든지, 결혼이 숙제처럼 느껴진다는 등 다채로운 사연이 등장한다. 사실 이야기보다 흥미로운 건 사연의 막바지에 덧붙는 의문문이다. '7년째 꿈만 좇는 나, 비정상인가요?' '결혼이 숙제처럼 느껴지는 나, 비정상인가요?' '서울살이를 그만두고 싶은 나, 비정상인가요?' 이렇듯 자신의 비정상 여부를 다수에게 묻는다. 실제 자신의 고민이나 사연을 올리는 많은 사람들이 인터넷 공간에서 이런 형식의 질문을 던진다. ○○가 미운 나, 비정상인가요?, 이런 상황이 불편한 나, 비정상인가요?, 이따금 이런 감정을 느끼는 나, 비정상인가요?란 질문을 던지는 이도 있다. 우리는 자신의 감정에도 의문부호를 붙인다.

'내가 정상의 영역에 속할까?' 내지는 '나는 비정상이 아닐까?'라는 질문의 밑바탕에 깔린 명제는 뭘까. '세상에는 정상과 비정상이 존재하며 그 사이에 명확한 선이 있다'는 생각 아닐까. 이 말의 속뜻을 들여다보면 나와 '정상'이라 일컫는 선 사이의 간극이 얼마일까 궁금해하는 사람들의 마음이 보인다. 그 선을 아슬아슬하게라도 넘으면 위험하다고 생각하는 것이다.

이처럼 정상은 누구나 속해야 하는 당연한 삶의 기준으로 자리 잡았다. 자연과 과학이 선택한 말. 탄탄한 논리적 밑바탕 위에 자리 잡은 말로 느껴진다. 그러나 '정상'의 역사를 헤집어 가다 보면, 그 말의 시작이 채 500년도 되지 않았음을 알 수 있다.

'정상'의 탄생 ———

정상이라는 말은 대략 17세기에 처음 사용된 것으로 알려져 있다. 고전적인 의학 모델에서 정상은 건강health한 상태와 같은 뜻으로 통해왔다. 즉 병적인 증상이 없는 상태가 정상의 시초였던 셈이다. 그러나 21세기의 우리가 마주하는 **내가 비정상인**

가요?, 너 정상이니?라는 질문 속 정상은 다수와 표준이라는 조금 다른 의미를 뜻할 때가 많다.

20세기의 철학자 미셸 푸코는 그의 저서 《광기와 역사》를 통해 정상성은 고정된 것이 아니라 역사적이고 사회적으로 '만들어진' 개념임을 밝힌다. 정상이 태어난 시기를 찾기 위해 그는 자본주의가 태어나던 시기로 거슬러 올라간다. 오랫동안 인류를 끌어왔던 농경 위주의 세상이 무너지고 산업화와 도시화가 이루어진 시기, 17세기 무렵 영국에서는 신흥 부르주아들이 소작인을 쫓아내고 지대를 올리고, 세금을 높이며 사유지에 울타리를 쳤다.

이전까지의 농촌 공동체는 배타적인 곳이 아니었다. 전통과 관례에 따라 토지를 소유하지 못한 사람도 시골의 공유지에서 경작을 하거나 사냥을 해서 살아갈 수 있었다. 그러나 공유지가 사유지로 변모하면서 대다수의 사람들은 먹고살기 어려워졌다. 결국 농촌 사회 구성원들은 농촌 공동체를 떠나 도시의 임금 노동자가 됐다.

임금 노동자가 된 이들에게 세상이 요구하는 바는 명확했다. 생산적인, 다시 말해 화폐 가치로 환원될 수 있는 일을 하는 것이었다. 이 조건을 만족해야 자립적인 한 사람으로 오롯이 살아갈 수 있다는 생각이 널리 퍼졌다. 생산을 하지 못하는 존재들, 장애인이나 노약자, 정신질환자, 실업자, 노숙인 등이 '문제 있는 사람', '정상에 속하지 못한 사람' 취급을 받기 시작했다. 이들을 수용하는 장소도 마련됐다. 영국이나 프랑스 등 산업혁명의 선진화를 밟는 나라에 최초의 정신병원(수용소)이 만들어졌다.

우리가 알고 있는 것과 다르게, 당시 정신병원은 정신질환자를 격리하기 위한 곳이 아니었다. 생산 활동을 할 수 없거나 자립적이지 않은 사람들을 전반적으로 함께 수용했다. 이를 계기로 정신질환이 본격적으로 의학의 영역에 속하게 되었다. 또 교육, 법률 등의 사회 제도가 갖추어지면서 특정한 행동이나 사고방식을 정상으로 규정하고, 이를 통해 사회를 통제하기 시작했다. 정상성은 점차 범주에서 벗어난 사람을 배제하고 억압하는 수단으로 사용되었다.

시간이 갈수록 과학이 발달하고 통계학, 심리학 등이 발달하면서 평균, 표준 편차 등 통계의 개념이 사람에게도 적용됐다. 이제 정상성을 하나의 수치로 측정하려는 시도가 이루어졌다. 정상성은 점차 표준 정규 분포 곡선의 경계선이 '정상'과 '비정상'을 가로지르는 말로 굳어져 갔다. 시간이 갈수록 '정상인'이라는 개념이, 모두가 이루어야 할 당연한 상태로 받아들여졌다. 이 과정에서 많은 사람들이 정상이 아닌 것으로 여겨져 비정상이 되었고, 사회에서 타자가 되고 배제되는 상황이 만들어졌다.

정상성, 새로운 배제의 말 ———

2020년 우울증을 앓던 대학생 A씨가 목숨을 끊은 사건이 벌어졌다. 비극의 시작점은 온라인 게시판이었다. 그는 심적으로 지칠 때마다 위안을 얻고자 '에브리타임'이라는 온라인 커뮤니티에 우울증을 호소하는 글을 올렸다. '에브리타임'은 전국 400여 개 대학 450만 명 이상의 대학생들이 가입해 익명으로 활동하는 온라인 커뮤니티다. 그의 글에 일부 익명의 이용자들이 악플을 달았다. "티 내지 말고 조용히 죽어라", "죽고 싶다는 말만 하고 못 죽네" 등 죽음을 종용하거나 그의 병증을 조롱하는 댓글이었다. 악플을 그만 적으라는 A씨의 요구에도 몇몇은 "내가 무슨 말을 하든 자유"라며 "피해의식에 과대망상까지 있다"고 받아치는 등 악플 달기를 계속했다. 결국 A씨는 '악플을 단 인터넷 이용자들을 처벌해 달라'는 내용의 유서를 남기고 스스로 목숨을 끊었다.

A씨가 마주한 비극의 제1원인이 뭐였을까. 먼저 익명의 인터넷 공간을 운영하는 기업의 무책임한 태도와 미약한 처벌 수위를 꼽을 수 있다. 실제 A씨의 죽음 당시 익명 게시판은 잔인하고 배타적인 내용의 글을 담고 있었으나, 사이트는 별다른 조치 없이 넘어갔다. 철저히 익명으로 운영되는 자유게시판이라는 이

유 때문이었다.

자유롭게 글을 남길 수 있었으니 '자유'게시판임에는 분명하다. 그러나 익명으로 운영되는 '에브리타임'의 자유게시판, 그중에서도 차별적 혐오 게시 글 뒤에는 미묘한 규칙이 있었다. 이른바 작은 정상의 사회를 만들어놓고, 이에 속하지 않은 이들을 배제하는 선 긋기의 규칙이었다. 한국 태생의 비장애인, 이성애자 등의 분류에 속하는 이들은 정상의 범주에 속한다. 나머지 성소수자, 장애인, 이주민의 경우 '비정상'으로 간주되어 손가락질을 받거나 조롱을 감내해야 하는 분위기가 있었다. 주류와 정상성이란 잣대에 속하지 못하면 사이버불링을 당해도 별 문제가 아니라는 억압적 분위기가 자리하는 것이다. 이들을 비정상으로 간주하고 떠도는 말들은 인터넷 세상을 흐르고, 이 말들은 때로 배제를 넘어 혐오의 말로 변주된다.

이 정상성의 기준에서 잠깐이라도 밀려나면 누구나 악플 세례를 받을 수 있다. 대형 참사의 피해자도 마찬가지다. 2022년 이태원 참사에서 생존한 고등학생이 그 이듬해 스스로 목숨을 끊었다. 친구 두 명과 이태원 핼러윈 축제를 갔던 B군은 지하철을 타러 가던 길에 친구들과 함께 인파에 갇혔다. 40분 넘게 깔려있던 B군은 의식을 잃기 직전 구출됐지만 친구 두 명을 잃었다.

서울 한복판에서 158명이 숨진, 충격적인 사고였다. 그러나 참사 관련 기사에는 희생자를 애도하는 댓글들만 달리지 않았다. 해당 장소에 갔던 희생자들의 행동을 탓하는 목소리가 나왔다. 특히 이태원이라는 장소가 가진 특이성, 핼러윈 축제라는 참사 날짜에 주목하며 "누가 거기 가서 술 마시라고 등 떠밀었느냐", "서양 명절 축하한다고 거기 간 너희들 탓 아니냐"라는 악성 댓글이 만연했다.

사고의 생존자였던 B군 역시 댓글의 풍경을 목도했다. 그는 용기 내어 유튜브 댓글을 달았다. 본인이 참사 피해자이며, 희생자들은 대부분 평범하게 놀러 간 사람들일 뿐이니 악성댓글을 멈춰달라고 호소했다. 돌아온 건 2차 가해였다. "연예인 보려고 놀러 가서 그렇게 다치고 죽은 거 아니냐" 등의 답 댓글이 달렸다. 절망감에 시달리던 B군은 스스로 목숨을 끊었다. 그는 그렇게 이태원 참사의 159번째 희생자가 됐다.

정상이 규범이 되지 않으려면 ───

A씨와 B군의 이야기에서 공통적으로 드러나는 건 악의에 찬 조롱과 악플이다. 그러나 그 밑바닥에 숨은 건 비정상에 대한 악플이다.

'내가 비정상인지' 끊임없이 묻게 만드는 세상은 그래서 위험하다. 애초에 정상성이라는 말의 범주가 극도로 협소하고 엄격하기 때문이다. 먼저 한국인 부모 아래 장애 없이 태어난 사람이어야 한다. 어린이나 노인은 노키즈존이나 키오스크와 같은 장소에서 이따금 배제의 대상이 되므로, 청장년 정도의 연령대에 속해 있는 게 좋다. 몸과 마음의 질환을 품은 상태여서는 안 되며, 일정 수준의 학력을 갖고 있어야 한다. 정상가족의 틀속에서 지내야 하고, 몇 명 정도의 친구가 있어야 한다. 이 좁고 완고한 정상의 세계에서는 남다른 선택을 하기 어렵다. 그 순간 '비정상'이 되어 배제의 대상이 될 수 있으므로.

세상이 공유하는 정상과 평균이 하나의 규범으로 작용하면 또 다른 문제도 생긴다. 규범에 근본적인 문제가 있다는 이의 제기가 힘들어진다는 것이다. 사회가 정한 평균의 가치에서 벗어나는 순간, '예외' 혹은 '열등'한 존재가 될 수 있고, 거기에 항변하는 순간 '열등감을 폭발'시키는 것 정도로 치부되기 쉽다. 그래서 대다수의 사람들은 사회가 규정해 놓은 '정상'의 기준에 맞추려 노력한다. '이런 사고방식이(또는 행위가) 혹시 비정상 아닐까'란 질문을 던지며 자기 검열을 이어가기도 한다.

그러나 정상과 비정상의 명료한 경계가 존재하는 걸까. 잭

니콜슨이 주연한 1975년 작 〈뻐꾸기 둥지 위로 날아간 새〉는 정상과 비정상의 스펙트럼을 잘 보여주는 작품이다. 영화의 배경은 정신병동이다. 주인공 맥머피는 형무소의 강제 노동을 피해 정신병원에 왔지만, 이 병동은 래취드라는 간호사의 통제 시스템 아래 있다. 대다수 환자들은 비정상으로 분류되어 약을 먹으며 병원의 억압적 분위기에 순응하며 지내지만 맥머피는 다르다. 그는 병원 안의 규칙에 저항하고, 환자들과 낚시를 나가는 등 예상치 못한 행동을 한다. 자유로운 삶을 추구하는 맥머피는 결국 강제 수술을 통해 '정상'의 범주 안에 갇히게 된다.

작품은 '정상성'의 의미를 끊임없이 묻는다. 맥머피는 범죄자지만 인간다운 권리를 원하는 인물이다. 래취드 간호사는 병동 내 시스템을 통제하면서 유능하다는 평을 받는 인물이지만, 자기도취적인 자부심에 취해 폭압적인 상황을 만든다. 병원의 환자들은 대부분 정신질환자로 분류되어 병원에 끌려왔으나 심각한 수준의 증상을 보이지 않는다. 정신질환자와 치료자가 누구인지 구분하기 어려워지는 것이다.

영화 속 정신병동을 세상의 이야기로 옮겨보면 정상성이라는 확고한 기준에 대한 구분선이 흐릿해진다. 정상과 비정상은 명료한 선으로 경계를 그을 수 있는 것이 아니라, 스펙트럼 위에 자리 잡은 상태에 가깝다. 우리는 저마다 스펙트럼 위에 자리 잡은 채, 무의미한 금 긋기에 열중하고 있는 건지도 모른다.

　그래서 "내가, 또는 그가 비정상 아닌가"라는 물음이 머릿속을 떠돌 때, 새로운 질문을 꺼내들 필요가 있다. 정상성이란 무엇이며, 정상과 비정상 사이의 성벽은 누가 쌓은 것인지. 익숙하지 않은 것들을 비정상으로 몰고 있는 건 아닌지. 경계선이 흐릿하고 모호해질 때에야 비로소 열리는 이해의 지점이 있다.

PART 2.

등급

'레테',
무한 등급
나누기의
세계

아이를 키우면서 맘 카페나 블로그에서 '레테'라는 말을 자주 만났다. 줄임말이 성행하는 세상인 데다 호기심이 많아 숱한 신조어를 접해본 나지만, 이 짧고 낯선 단어에는 갸웃했다. 듣기만 해서는 뜻을 가늠하기 어려웠으니까. 처음에는 새로 나온 음료수나 가게 이름이겠거니, 짐작했다. 훗날 알고 보니 완벽한 착각이었다. 레테는 사교육계에서 널리 쓰이는 용어였다. 학원에 들어갈 때 아이가 치르는 레벨 테스트의 줄임말이었다.

이 레벨 테스트의 세계는 아이가 불과 5~6세가 되는 시기에 열리기도 한다. 대형 어학원에서 운영하는 영어유치원에 들어가기 위해 보는 'AR'이라는 테스트가 가장 유명하다. AR은 Accelerated Reader라는 프로그램 이름의 앞 글자를 딴 것이다. 원래 미국의 르네상스라는 교육 기업에서 제공하는 독서 능력 지수인데, 영어 어휘를 얼마나 아는지 그 난도를 측정해 나타내는 지표다.

　물론 레테는 어학원에만 존재하는 게 아니다. 수학이나 국어, 심지어 과학 학원 중에도 레벨 테스트를 치르는 곳이 많다. 아이가 특정 학원의 레벨 테스트를 처음으로 치른다고 해서 두려움에 휩싸일 필요는 없다. 네이버 블로그나 구글에서 '레테'를 검색하면 각 학원별로 레벨 테스트를 준비하는 방법과 시험 치는 요령까지 '선배 엄마'들이 공유하는 정보가 가득하니까.

　레벨 테스트를 치르는 학원 중에는 일정 수준에 도달해야 비로소 입학 가능한 학원도 있다. 뿐만 아니라 학원의 학급 편성도 레벨 테스트로 정해진다. 1차로 등급 가르기가 이루어진 것이다. 학원에 들어간 뒤엔 '등급 가르기'의 세계가 끝날까. 그렇지 않다. 학원을 다니는 중에도 레벨 테스트를 수없이 다시 치르고, 몇 달에 한 번씩 학급이 재배치된다. 이러한 테스트나 등급 가르기가 국영수 같은 주요 과목의 학원에만 적용된다고 생각하면 오산이다. 피아노나 바이올린 학원에도 전국음악교육협의회가 주최하는 음악실기급수자격이 있다. 태권도의 경우 국기원이 주관하는 태권도 승품 심사가 있다. 오랜 시간 이어져 온 다양한 명칭의 등급 나누기 절차가, 아이들을 기다리고 있는 것이다.

　엄격한 등급 가르기의 세계가 그리 생경한 건 아니다. 대한민국의 입시 문화 속에서 우리가 익히 보아온 장면이므로. 특히 대학 입시에 활용되던 '수능 배치표'는 등급 가르기의 원조였다. 각 대학과 학과를 입시 지원 가능한 군으로 나누어 점수대별로 구분한 표 말이다. 1993년 수능이 도입된 직후부터 이 '수능 배치표'는 학생의 학업 성취도를 평가하고, 지원 가능한 대학을 가늠하는 잣대로 기능해 왔다.

등급과 서열을 나누는 표는 학교 현장에서도 중요한 역할을 한다. 고등학교 3학년 담임을 처음 맡은 해의 일이었다. 입시를 앞둔 학생도 그러할 테지만 입시라는 관문을 처음 맡은 초짜 담임은 난감해질 때가 많다. 학생의 성적을 파악해야 하고, 그에 맞는 적절한 대학을 찾아 입시 상담도 해야 한다. 최근에는 대학과 학과마다 입시에 반영하는 과목과 비율이 다르고, 입시 전형도 천차만별이므로 그에 맞는 적절한 입시 방법을 조언해야 할 입장에 놓인다. 고3 담임에게는 중요하고도 까다로운 업무였다. 일단 입학 가능한 대학 파악부터가 쉽지 않았다.

우왕좌왕하던 3월 초, 담임교사에게 있어 진로교사는 일종의 구원자였다. 고3 담임교사들이 모인 자리에서 진로교사가 의미심장한 표정으로 종이 한 장을 내밀었다. 마인드맵 같기도 하고 토너먼트 대진표를 그린 듯도 한 도표가 A4 한 장에 그려져 있었다. 자세히 보니 서울 및 수도권에 있는 대학 로고가 모여 도표를 이루고 있었다. 가장 상위에 서울대 로고가 있었고, 그 밑에 이른바 SKY를 구성하는 학교 로고가 자리하는 식이었다.

진로교사가 자못 심각하게 말했다. "서성한 중경외시 건동홍… 대학 서열 순서예요. 물론 고정된 건 아닙니다. 문과의 일반적인 과 기준으로 본 것일 뿐이에요. 이과나 공대, 미대 등 학과와 계열에 따라 변형은 있겠지만, 아이들 성적에 맞추어 대학을 정할 때도, 아이들이 질문할 때도 이건 그냥 기본으로 알고 있으셔야 해요. 이 서열표에 맞춰서 대학을 가니까요."

당시엔 무심히 생각했다. '태정태세문단세처럼 묘하게 입에 붙는 암기 비법이군.' 무심했던 반응과 달리 곧 서열표의 유용성을 확인하게 됐다. 고백건대 고3 담임을 하는 내내 그랬다. 학생이 점수에 맞춰 학교를 추천해 달라 요청할 때마다 나는 여러 번 그 대학 등급표를 되새김질하며 대학과 학과를 검색해 봤다.

학생들 역시 등급으로 세밀하게 나뉜 세계를, 그리고 지원 가능한 곳을 당연하게 여겼다. "저는 2점 초반대 등급이니까 인서울 대학은 힘들어요"라는 말을 한다든지, 모의고사를 본 뒤 "전 777 세븐 로열 등급을 맞았어요" 하며 두려운 유머를 구사하는 아이도 있었다. 내신 성적, 수능 성적이 1등급부터 9등급까지 나뉜 세계에서 아이들과 나는 치열하게 갈 길을 찾곤 했다.

고3 담임의 시기를 끝낸 뒤에도 그 마법의 서열표를 종종 마주했다. 대학 입시 관련 커뮤니티 게시판에서였다. 게시글의 내용은 엇비슷했다. 서열표의 순서가 맞는지 파악하고, 학과별로 서열을 더욱 세밀하게 분류하거나, 순위 변동이 있음을 일러주는 내용이었다. 요즘에는 "그 서열표 맞아? ○○대보다 □□대가 더 높은데", "요즘에는 ◇◇대의 위상이 높아졌어" 식의 댓글이 곳곳에 달렸다.

물론 대학 서열표나 레벨 테스트의 순기능을 무시할 수는 없다. 대학의 대략적인 점수나 위치 파악이 되어야 학생을 적절한 곳에 배치할 수 있으니까. 그러나 등급과 서열이 무조건적이고 유일한 기준이 되는 지점에서 문제가 발생한다. 학원 레벨 테스트의 경우 시험 결과로 반 편성을 하는 것을 넘어서 애초에 학원에 입성入城할 수 있는 학생을 '걸러 받기도' 한다. 점수와 등급에 따라 대학에 붙거나 밀려나는 대입 지도의 축소판이라고 할까. 경쟁이 일상이 된 대한민국에서 수많은 등급 가르기가 학생들의 시험 압박으로 변모하는 장면은 재현되고, 또 재현된다. 그리고 그 서열표의 아래쪽에 위치하는 이들에 대한 배제가 당연시되기도 한다.

신발부터 아파트까지,
등급 가르기의 확장판 ───

입시라는 치열한 경쟁의 장에서 시작된 서열표는 인터넷 세계에서도 무한 확장되고는 한다. 서열과 등급 가르기의 세계는 사람에도, 장소에도, 사물에도 적용된다.

2000년대 초반에는 '겨울 패딩 점퍼 계급도'가 최초로 등장했다. 특히 학생들 사이에 유행한 것은 등산 브랜드 노스페이스 패딩이었는데, 이 점퍼 계급도는 '등골 브레이커'라는 신조어를 탄생시키기도 했다. 부모가 자녀에게 더 비싼 상위 등급 점퍼를 사 주기 위해 등골이 빠진다는 의미를 담고 있기 때문이다.

부동산 시장이 달아오를 때는 부동산 급지표가 인기를 끌었다. 이 급지표는 해당 지역을 아파트 가격에 따라 황제, 귀족 등의 이름으로 나누어 배치한 게 특징이다.─때로는 성골, 진골, 6두품 등 신라시대의 엄격한 신분제인 골품제에 대비한 급지표도 널리 퍼지곤 했다─'개인이 거주하는 지역에 따라 사회적 신분이 나뉜다'는 계급 의식을 반영하기도 한다.

이외에도 인터넷 세계에는 수많은 서열표가 떠돌아다닌다. 스마트폰과 이어폰 등 전자기기에도, 전동공구, 자동차 타이어 등도 등급이 나뉘어있다. 심지어 시중에 판매 중인 과자나 프랜 차이즈 브랜드 치킨도 계급화되었으며, 2024년에는 러닝 붐이 일면서 러닝화에도 계급을 나눴다. 이 계급도의 무한 확장판에 "이제 신발이나 파이도 등급을 나누고 가르는 세상이 되었다"며 쓴웃음을 짓는 네티즌도 있었다.

물건이나 지역만 계급과 등급을 매기는 건 아니다. 당연하게도 사람 역시 갖가지 기준으로 점수와 등급을 나눌 수 있다. 결혼정보회사에서는 남녀 구혼자의 직업이나 학력, 외모, 재산, 부모의 사회적 지위에 따라 회원들을 등급과 서열로 나눈다. 이른바 '급'이 맞는 사람들끼리 만남을 주선하기 위해서다.

때로는 계급도 속 순위나 서열, 객관적 수치가 개인의 취향이나 주관보다 중요한 것이 되기도 한다. 연봉별 자동차 추천 리스트가 그 예다. 상대적 위치를 중요하게 생각하는 사람들은 자동차를 고를 때 디자인이나 성능에 중점을 두는 것이 아니라, 연봉에 따른 사회경제적 지위를 확인하고, 그 지위에 걸맞은 자동차가 무엇인지 살펴본다.

이처럼 인터넷을 떠도는 계급도에는 엇비슷한 제목이 붙는다. **재미로 보는 □□ 계급도** 같은. 그러나 아무리 재미를 반영했다 할지라도 제법 세밀하고 진지한 서열 나누기의 절차가 이루어진다. 계급도 안에서 대부분은 일정한 줄 안에 자리 잡게 된다. 우리는 그를 통해 타인과 자신의 위치를 파악하는 데 익숙하다. 등급 나누기의 세계는 이 익숙함 속에서 무한 확장된다.

서열 매기기, 그 기원을 찾아서 ————

한국 사회 곳곳에 엄격하고 세밀한 등급 나누기가 존재하는 이유는 뭘까. 인간의 본성에 답이 있을지도 모른다. 인간에게는 '비교의 본능'이란 게 존재하므로.

20세기 미국의 사회심리학자인 레온 페스팅거는 사회비교 이론을 주장했다. 인간은 누구나 자신의 능력과 의견을 타인과 비교하려는 동기를 품고 있다. 특히 비교의 대상이 되는 건 멀찍이 떨어진 위치에 있는 사람들이 아니다. 주로 비슷한 위치에 있는 사람들과 나를 비교한다. 이 지점에서 대한민국이 비교나 상대적 위치 파악에 예민한 이유를 유추할 수 있다. 한민족은 오랫동안 좁은 땅에서 단일민족으로 아옹다옹 살아온 이들이다. 비교의 대상이 될만한 엇비슷한 이들이 주변 이곳저곳에 있었다. 한국인에게 비교의 본능이 더욱 강력하게 작용했을 가능성이 있다.

오랜 벼농사의 역사와 체제에서 연공서열의 기원을 찾는 이도 있다. 사회학자 이철승 교수는 저서 《쌀 재난 국가》에서 쌀농사 문화가 우리 사회에 깊은 영향을 미쳤을 거라 주장한다. 그에 따르면 벼농사는 많은 인원이 협업을 해야 가능한 생산체제다. 특히 밀농사와 달리 안정적인 물 공급이 필수적인데, 동아시아는 홍수와 가뭄이 잦은 곳이었다. 공동체가 협업과 협동을 해서 이 문제를 헤쳐 나가는 게 중요했다. 벼농사의 특성도 한몫했다. 씨족이나 이웃과 함께 생산 스케줄을 짜서 파종과 수확을 해야 그 해를 버틸 식량을 얻을 수 있었다. 마을 단위의 협업과 생산을 위해 일종의 규칙과 서열이 필요했다. 자연스럽게 나이에 따른 연공서열을 유지하는 게 중요해졌다. 공동 생산을 위해 협동하지만 한편으로는 개별적인 소유가 가능했으니 마을 내부에서 맹렬한 경쟁도 이어졌다. 협업만큼 경쟁과 등급 가르기가 중요해진 것이다.

한반도에 오랫동안 영향을 미친 유교 사상에서 원인을 찾는 이들도 많다. 유교는 동아시아 사회에 깊은 영향을 미친 사상으로 인간관계, 사회 질서, 국가 운영 등 다양한 측면에 걸쳐 중요한 가치관을 제시한다. 특히 삼강오륜과 같은 원칙을 들여다보면 유교 사상의 흥미로운 지점을 읽어낼 수 있다. 군신유의君臣有義, 부자유친父子有親 등의 오랜 지침을 떠올려보면, 자신의 위치에 맞는 예의와 도리를 강조한다. 이때 군주와 신하, 부자, 부부, 형제 등 위아래를 엄격하게 구분하고, 그 안에서 자신의 분수를 알고 예의범절을 지키는 게 중요하다. 특히 조선시대부터 큰 영향을 미친 성리학은 개인의 능력보다는 사회적 신분과 역할, 명분을 강조하는 경향을 가지고 있었다. 자연스럽게 혈통이나 성별, 나이 등에 따라 사람을 구분하고, 각자의 위치에서 지켜야할 규범이 명확해진다. 일상의 삶을 꾸려가는 데에도 위계나 상대적 위치를 눈치껏 파악하는 능력이 필요했다.

유교는 개인보다 집단을 강조하는 측면이 있다. 개인의 성공보다는 집단 안에서 어떤 역할을 하느냐가 중시된다. 이런 집단주의 아래에서는 개인의 가치관이나 개성, 주체성, 고유함보다는 '전체 집단의 목표에 얼마나 들어맞는 삶을 살고 조화롭게 사느냐'가 중요한 일이 된다. 이런 분위기에서 성장한 개인은 집단이나 특정한 상황에서 상대적 위치를 파악하는 데 익숙해진다. 개인의 소유물이나 자산 등을 통해 자신과 타인의 위치를 파악하고, 자신보다 누가 더 높고 낮은 곳에 자리하는지 알아야 적절한 처신을 할 수 있기 때문이다. 세밀하고 촘촘한 서열의 관계도 속에서 스스로를 발견하는 문화가 발달하는 것이다.

실제 우리가 사용하는 언어 속에도 나이나 상대적 위치에 대한 고려가 스며들어 있다. 한국인이 낯선 이를 만나 교류할 때 가장 당황하는 상황이 뭘까? 흥미롭게도 상대의 나이를 모를 때다. 자신과 비교하여 상대방의 나이가 많은지 적은지를 알아야 상대적 위치를 파악하고, 존댓말을 사용할지 평어체를 사용할지 명확해진다. 이처럼 한국 사회에서 나이, 지위 등과 같은 서열 정보 확인이 중요한 것은 존비어 사용과 같은 서열에 기초한 사회 규범이 강력하게 자리 잡고 있기 때문이다.

오랜 전통과 사상보다 해방 이후 벌어진 과도한 입시 경쟁에서 원인을 찾는 사람도 많다. 성적에 따라 상대적 위치를 파악하고, 자신이 입시 경쟁의 승자가 될 수 있는지 없는지 가늠하는 게 중요해졌기 때문이다. 이런 사회에서 중요한 관문은 시험이다. 시험을 통과해서 자신이 소속된 곳이 어느 정도의 등급인지를 가르는 것에도 예민해진다. 그것이 개인의 사회경제적 위치를 결정하는 주요한 요인으로 작용하기 때문이다.

이 예민함은 씁쓸한 풍경으로 이어지기도 한다. 2000년대 초반 한 입시정보 사이트 게시판에서 시작된 '대학 서열 매기기' 놀이가 있었다. 이 놀이가 발전해 각 대학의 '훌리건'(특정 대학을 옹호하며 타 학교를 비방하는 사람들)을 만들어냈다. 이들은 '훌리건 천국'이라는 카페에 모여들기 시작했다. 훌리건들은 다른 대학 게시판으로 몰려가 자신들이 작성한 대학 서열표로 도배하는 행동을 지치지 않고 계속했다. 이 현상은 2010년대 초반까지 줄기차게 이어졌다. 무엇보다 '경쟁 학교' 학생들끼리 '훌리건 전쟁'을 벌이는 일이 심심치 않게 일어났다.

이 치열한 서열전쟁이 고소전으로 번진 적도 있었다. 2014년에는 중앙대가 학교를 비방하는 악의적인 글을 올린 한양대 학생들 IP를 지목해 모욕죄와 명예훼손죄로 서울중앙지검에 고소했다. 2013년 12월 한양대가 학교를 깎아내린 중앙대 학생을 고소한 뒤에 벌어진 일이었다. 물론 이런 사건조차 수도권에 자리한 대학 구성원 사이에 벌어진 공방전에서 비롯된 일일 뿐이다. 수도권이 아닌 지방에 위치한 대학이라면 더 냉정한 평가에 놓인다. 그 위치를 격하하는 '듣보잡'(지방대를 비하하는 용어)이라는 말이 공공연히 쓰이기도 한다.

황금 티켓은 없다 ───

《찰리와 초콜릿 공장》은 1964년 영국의 소설가 로알드 달이 쓴 흥미로운 동화다. 과자 생산의 천재 윌리웡카가 신비의 초콜릿 공장에 다섯 명의 어린이를 초대하면서 겪는 기상천외한 모험을 담고 있다.

이야기의 도입부가 흥미롭다. 윌리웡카는 생산하는 초콜릿에 황금 티켓 다섯 장을 무작위로 끼워서 판매한다. 초콜릿을 사 먹다가 운 좋게 이 티켓을 뽑는 어린이에겐 신기한 공장을 견학할 기회를 준다. 많은 어린이들이 황금 티켓을 얻고 싶어 했고, 경쟁은 갈수록 치열해진다. 처음에는 행운을 가진 승자가 티켓을 거머쥐는 듯 보였지만, 이 무작위 이벤트는 점차 그 성격이 변질된다. 일부 부유한 부모가 초콜릿 사재기를 하고 초콜릿 포장을 빨리 깔 사람까지 고용했기 때문이다. 결국 대다수 티켓은 부잣집 아이들에게 돌아갔다.

날카롭게 현실을 반영하는 동화 속에서 행운을 상징하는 황금 티켓은 서양권에서 이루고 싶은 무언가를 한 번에 얻을 수 있는 수단과 방법을 은유하는 말로 자리 잡았다. 그리고 2022년 OECD가 발간한 한 보고서에 "황금 티켓 신드롬"이라는 단어가 등장했다. 다름 아닌 한국의 경제를 다룬 보고서에서였다.

보고서 속 한국은 전반적으로 '황금 티켓 증후군'에 사로잡힌 사회다. 보고서는 특히 열심히 공부해서 명문대에 진학하고 누구나 아는 직장에 들어가거나 전문직이 되면 성공한 인생이 보장된다고 믿는 현상을 꼬집었다. 한국인들은 이 소수의 황금 티켓을 거머쥐기 위해 명문대 입학과 정규직 취업에 극도의 노력을 기울인다. 이처럼 대다수 자원을 쏟아부어도 기대했던 결과가 돌아오지 않는 일이 반복되면서 결국 청년층의 좌절과 저출산 현상이 가속화되었다는 게 OECD의 설명이다.

황금 티켓을 따내기 위한 1차 관문은 대학 입시다. '대학'이라는 제한된 자원을 놓고 학생들이 경쟁하는 구조로, 이 구조 아래에서 성적에 따라 상대적인 비교를 받고, 순위가 매겨지고, 이 순위가 대학 입학 여부를 결정짓는 중요한 요소가 된다. 자연스럽게 고등학교 성적 등급에 따라 삶의 모습이나 계층이 달라진다는 믿음이 퍼지고, 등급 가르기는 갈수록 더 세밀해지고 엄격해진다.

황금 티켓을 얻기 위해 사회구성원 대다수가 자녀 교육에 필요 이상의 자본을 쏟아붓고, 이는 저출산이나 노동 시장의 이원화에 영향을 준다. 명문대에 진학하여 의사, 변호사 자격을 취득하거나 대기업에 취직하는 등 소위 황금 티켓을 손에 거머쥐면 성공을 보장받는다고 믿기 때문이다. 이처럼 이분법적 논리가 당연한 세상에서, 중소기업이나 공장 노동자, 비정규직 직장인의 삶은 실패로 취급받기 쉽다.

이러한 논리 때문에 청년들은 사교육에 매달리고, 스펙 쌓기에 몰두한다. 황금 티켓을 얻기 위해 결혼과 출산을 미루기도 한다. 2002년 우리나라의 평균 초혼 연령은 남자 29.8세, 여자는 27.0세였다. 그러던 것이 최근에는 남자 33.7세, 여자 31.3세로 모두 30대 이상으로 올라갔다. 대기업과 공기업의 취업 경쟁은 날이 갈수록 극심해지지만, 연봉이나 근무 여건이 대기업에 못 미치는 작은 회사들은 실업 상태의 청년이 넘쳐남에도 구인난에 시달리는 문제가 생긴다.

황금 티켓 증후군은 성공과 실패, 흥망을 가르는 이분법적 사고가 우리를 지배하고 있음을 보여준다. **성공하지 않은 사람은 모두 실패한 사람이다, 대기업이나 공기업, 정규직이 아니면 실패한 인생이다** 등의 사고방식은 결과적으로 많은 이들을 실패자로 만든다. 어떤 이들은 자신이 경쟁에서 도태될지도 모르며, 도태되면 실패자가 된다는 불안 때문에 등급 가르기에 더 몰입한다.

서열과 등급 가르기의 견고한 세계를 깨는 일은 복잡다단하고 지난할지 모른다. 그 이면에 사농공상士農工商에 뿌리를 둔 가치관, 연공서열을 중시하는 오랜 전통, 해방 이후의 입시 경쟁, 획일적 사고, 중소기업과 대기업으로 이원화된 노동 시장 문제, 능력주의까지 다양한 요소가 복잡하게 얽혀있기 때문이다. 촘촘하게 얽히고설킨 이 문제들을 일시에 해소하는 건 쉽지 않은 일이다.

때로는 사고의 전환이 도움이 될지도 모른다. 미국 작가 수잔 케인은 자신의 책 《콰이어트》에서 행복과 성취에 대한 새로운 시각을 건넨다. "삶의 비결은 적절한 조명이 비치는 곳으로 가는 것이다. 누군가에게는 브로드웨이의 스포트라이트가, 누군가에게는 등불을 켠 책상이 그런 장소일 것이다."

우리가 사는 세상은 더 높은 계단을 밟고 성취를 이루면 행복이 올 것이라는 환상을 안긴다. 그러나 우리에게 정작 필요한 건 황금 티켓이 아니라 내 삶의 방식과 가치관에 어울리는 조명을 찾는 일일지도 모른다.

모든 이에게는 자신에게 맞는 삶의 형태와 행복이 각기 다르게 존재한다는 것, 최상위 계단에 오르는 것만이 삶의 최종 목표가 아니라는 사실을 깨달을 때, 계급표를 벗어난 우리 저마다의 삶과 행복이 열리지 않을까.

마포
더 센트럴
프리미엄
포레스트

2021년, 넷플릭스에서 방영한 한 드라마에 아파트의 새 이름 짓기 현장이 등장했다. 본래 이름이 '홍직중앙아파트'인 이 아파트 주민들은 최근 유행하는 이름으로 아파트 이름을 바꿔야 한다고 말한다. "입에 착착 감기면서 고급진 걸로" 바꾸자는 의견이 대세다. 그러면서 택시를 탔을 때 '어디로 가주세요' 해야 기분이 좋을지 상상해 보자는 얘길 전한다.

다양한 의견이 이어진다. 중앙이란 뜻을 살려서 '센트럴'을 넣자는 의견, 홍직이란 동네 이름 말고 '마포'란 말을 넣자는 의견. 그 결과 아파트의 새 이름은 점차 길어진다. '마포 프레스티지 센트럴 캐슬', '마포 더 프리미엄 센트럴 포레스트', '마포 노블레스 센트럴 리버'….

드라마 속 장면이지만 놀라운 현실 반영이다. 실제 전국 아파트 이름은 해가 갈수록 길어지고 있으니까. 서울시의 〈새로

쓰는 공동주택 이름 길라잡이〉 책자에 따르면 1990년대 4.2자에 불과했던 전국 아파트 이름의 평균 글자 수가, 2000년대 들어서서 6.1자로 늘어났다. 2019년에는 9.84자로 두 배 이상 길어졌다. 25자인 아파트 이름도 있다. 전남 나주시에 있는 아파트의 이름으로, 거주민도 외우기 어려운 이름 길이를 자랑한다.

　이 글을 쓰고 있는 나 역시 한때 '고급스러운 이름의 아파트'에 살고 싶다는 열망을 품은 적이 있다. 신혼 시절, 아파트 청약에 내리 세 번 떨어졌다. 30대 초반이었던 나는 청약 탈락이 인생 최대의 행운을 놓친 것이라 생각했고 '새 아파트'에 살고 싶다는 열망은 최고조에 이르렀다. 네이버 아파트나 '아파트 실거래가' 앱에서 동네의 대장 아파트 이름과 가격을 샅샅이 비교하고, 주변에 구매 가능한 아파트를 살펴보면서 다채로운 상상을 했다. 고층 아파트의 반짝이는 엘리베이터 버튼을 누르는 나를 상상해 봤고, 입주민이 되어 고급스러운 아파트 문주를 지나는 날 떠올려봤다. 비가 오는 날에도 집 앞 현관까지 무리 없이 갈 수 있는 지하주차장에 차를 대는 날 상상했고, 근사하게 꾸며진 아파트 산책길을 거니는 나를 꿈꿨다.

　돌이켜 보면 아파트 자체에 대한 열망도 있었지만, 한편으로는 다른 꿈을 꾸고 있었다. 그 풍경 속에 나를 집어넣으면 다른 삶이 펼쳐질 거라는 믿음, 중산층의 삶이 열릴 거라는 희망을 내심 품고 있었던 것이다.

외래어로 이루어진 긴 이름의 아파트, 그것이 당시 내 욕망을 대변하는 것이었다.

보통 건설업계에서는 '펫네임pet name·애칭'이라 불리는 이름. 상품의 특색이나 특징, 장점을 강조하기 위해 브랜드 이름 앞뒤에 붙는 말이다. 아파트의 가치를 높이려 고유한 정체성을 부여하는, 나름의 입지 전략에 해당한다. 서울숲 옆 갤러리아 포레는 미술관을 뜻하는 '갤러리'와 숲을 의미하는 '포레'라는 프랑스어를 합성해 만든 이름으로, 미술관과 숲이 우거진 풍경을 함께 볼 수 있다는 뜻을 지닌다. 서울의 '잠실 레이크 팰리스'는 인근에 석촌 호수가 있다는 사실을 반영해 지은 이름이다.

언뜻 봐서는 아파트의 특징을 떠올리기 어려운 경우도 있다. 삼성물산이 만든 래미안 시리즈 가운데 **원베일리**One Bailey라는 아파트 이름 속 베일리는 중세 시대 성城 중심부에 영주와 가족들이 거주하던 공간을 뜻한다. **블레스티지**Blesstige는 '축복하다'는 의미의 **블레스**bless와 특권·명성 등을 뜻하는 **프레스티지**prestige의 합성어로 '축복받은 특권의 단지'라는 명칭이다. 이 펫네임이 아파트 업계에서 대유행하면서 입지 조건, 자연 경관, 공간 특색 등을 강조하기 위해 추가적으로 붙는 단어가 점점 늘어났고, 그 결과 아파트 이름의 평균 길이도 길어졌다.

이 모호하지만 '있어 보이는' 펫네임은 뭘 지향할까? 고급스럽고 귀족적인 이미지다. 2000년대 초반, 고급 주상복합 아파트의 대명사는 타워 팰리스였다. 타워 팰리스는 고공高空에 위치한 저택을 의미하는 말이다. 요즘에는 대다수의 아파트에 캐슬이나 클래스, 팰리스 등의 이름이 붙는다. '상류층', '고급'의 의미를 나타내는 '써밋, 어퍼, 퍼스트, 베스트, 노블'과 같은 단어가 단골로 붙는 데도 이러한 이유가 있다. 두 가지 이상의 단어를 혼합한 '리버포레, 레이크파크, 노블테라스' 같은 이름도 흔하다.

이름만 바뀐 건 아니다. 새 아파트를 분양할 때마다 건설업체는 고급스러운 커뮤니티와 이름에 걸맞은 서비스를 갖추는 데 주력한다. 수영장과 피트니스 센터, 사우나, 도서관, 실내골프 연습장 등 단지 내 커뮤니티 시설을 얼마나 고급화하고 차별화하느냐에 따라 아파트의 브랜드 이미지가 달라지기 때문이다. 서비스도 중요하다. 최근 들어 호텔처럼 조식 서비스를 제공하거나 입주민 사교모임 주선 등 특화된 서비스를 갖춘 아파트 커뮤니티가 늘고 있다. 단지 내에 영어유치원을 조성하거나 영어로 아이들을 돌봐주는 키즈 케어 서비스를 제공하는 곳도 있다. 주민들은 단지 밖을 나가지 않고도 다양한 편의시설을 이용할 수 있다.

한편으로 아파트의 고급스러운 이름은 상류층과 중산층의

구별짓기 전략을 떠올리게 한다. 20세기 후반의 사회학자 피에르 부르디외는 그의 저서 《구별짓기: 문화와 취향의 사회학》을 통해 계급과 문화라는 관점에서 현대인의 행동을 분석했다. 그에 따르면 21세기의 인간은 단순히 물질적인 필요를 충족하기 위해 소비하지 않는다. 사회적 지위를 유지하고 타인과 자신을 차별화하기 위해 특정한 방식의 소비를 이어간다. 즉 우리가 어떤 옷을 입고, 어떤 음식을 먹고, 어떤 취미를 즐기는지 등 모든 선택에는 사회적 의미가 담겨있다.

부르디외가 사회적 구별짓기를 가능하게 하는 핵심 개념으로 주장한 것이 '문화 자본'이다. 문화 자본은 교육, 지식, 예술적 취향 등 다양한 형태로 등장한다. 이를 통해 우리는 자신이 속한 사회 계층을 드러내고 다른 계층과 미묘한 경계를 긋는다. 고급 미술이나 클래식 음악을 선호하는 것이 하나의 예다.

아파트의 긴 이름도 비슷한 맥락에서 살펴볼 수 있다. 기나긴 이름의 아파트에 주거한다는 건 이른바 '고급스럽고 여유로운 삶'을 소비한다는 것의 동의어다. 차별화된 커뮤니티와 조경, 고급 서비스를 누리며 사는 삶. 건설업체들은 자신들이 파는 아파트에서의 삶이 주변의 다른 아파트에서는 누리기 어려운 것임을 강조해야 한다. 아파트 안에서 모든 것이 해결되는, 하나의 배타적인 성城이 구축되는 것이다.

택배 지상 출입을 금지합니다 ———

남다른 장소에 거주하고픈 욕망은 어디에서 비롯된 걸까. 부르디외는 이러한 욕구가 단순히 개인의 심리적인 문제가 아닌 자본주의 사회의 시스템과 관련 있다고 보았다. 우리는 사회적 지위를 확보하고, 소속감을 느끼고, 자존감을 높이기 위해 다른 사람과의 차별화를 시도한다. 이렇게 보면 아파트 브랜드의 고급화 전략은 자본주의 사회에서 당연한 현상이다. 차별화된 커뮤니티와 서비스 제공은 입주민의 입장에서는 구별짓기 욕망을 충족시키는 행위다. 건설업체 입장에서는 좋은 마케팅 수단이 된다.

그런데 이 구별짓기 전략이 새로운 문제를 일으키는 경우도 있다. 일부의 대단지 아파트가 배타적인 커뮤니티가 되면서, 외부인의 출입을 금지하거나 커뮤니티에 들어올 수 있는 사람들을 제한해 갈등이 불거진 것이다.

남양주 다산신도시와 인천 송도국제도시에서는 아파트 단지 내 택배 차량의 지상 출입을 금지했다. 아파트 단지 내 보행자의 안전을 위한다는 이유에서였다. 택배 차량은 지하주차장을 이용하면 되지 않느냐는 주민들의 얘기도 덧붙었다. 하지만 지하주차장 높이와 일반 택배 차량의 높이가 맞지 않았다. 지하주차장 높이는 2.3미터에 불과해 통상 2.4~2.5미터 높이인 일반 택배 차량은 출입이 불가능했다. 입주민들은 저상형 차량을 사용하거나 단지 입구에서 수레를 이용한 배송을 요구했으나, 택배 노동자들은 반발했다. 지하주차장에서 수레로 배송하면 노동 시간이 기존보다 3~4배는 더 길어지기 때문이다. 택배 노동자와 대리점이 지상 택배 금지 아파트 단지를 상대로 법원에 방해금지 가처분 신청을 한 일도 있었다. 입주민의 안전을 위한다는 것은 좋은 취지였으나, 문 앞 배송 혜택을 누리면서 택배 차량의 출입을 금지하는 것은 온당하지 않은 일이라는 비난이 이어졌다.

놀이터도 예외는 아니다. 아파트 입주민 자녀가 아니면 놀이터에서 놀지 못하게 하는 일도 종종 벌어진다. 2021년 인천에서는 한 아파트 입주자 대표가 타 아파트에 사는 아이들의 단지 내 놀이터 출입을 경찰에 신고했다. 경기도 광명의 한 아파트 단지에서는 놀이터 '어린이 놀이 시설 이용 지침' 안내판에 '단지 거주 어린이가 놀이터에서 놀 때 인식표를 착용해야 하고, 목걸이 형태의 인식표는 관리사무소에서 주민 대상으로 제작하고 배부토록 한다'는 내용이 담겨 논란이 되었다. 남다른 곳에 살고 싶은 일부 입주민의 욕망이 타자를 배제하고 밀어내는 방식으로 드러난 것이다.

빗장을 걸고 만든 그들만의 세상 ———

많은 사람들이 선호하는 소위 고급 아파트가 지향하는 바는 뭘까. 전상인은 저서 《아파트에 미치다》에서 대한민국 아파트의 성격을 지적한다. 시간이 갈수록 대한민국의 아파트는 일종의 '게이티드 커뮤니티gated community'가 되어가고 있다는 것이다. 게이티드 커뮤니티는 말 그대로 출입이 제한된 주거단지를 말한다. 원래 이 커뮤니티는 미국 캘리포니아 지역의 '요새 도시fortress city'에서 시작되었다. 백인 중산층이 흑인이나 라틴계, 아시아계 이민자 등의 외부인으로부터 스스로를 보호하기 위해 만들어낸 커뮤니티의 하나였던 것이다. 치안과 보호를 위해 시작된 이 공간 형태는 미국과 유럽뿐 아니라 아시아나 아프리카 등 세계 전역으로 퍼지고 있다.

국내 대형 건설업체가 지은 이른바 고급 브랜드 아파트가 이러한 성격을 따라가고 있다. 과거의 아파트는 대규모 단지이기는 해도 폐쇄적이지는 않았다. 그렇지만 이제는 '빗장 지르기gating를 통한 공간 분리기제'를 갖춘 '게이티드 커뮤니티'로 변했다. 주거 단지 입구에 외부인의 출입을 통제하는 단지 출입 시스템(게이트 컨트롤 시스템)이 있고, 모든 주차장을 지하에 건설해서 지상으로는 보행자만 다닐 수 있게 하고, 그 지상 공간에는 인공

실개천이 흐르는 산책로를 마련하고, 고급 수목을 심어 공원과 같은 분위기를 조성한다. 단지 내 커뮤니티 활동을 활발하게 운영하며 하나의 공동체를 만든다.

　물론 바깥세상과 주거단지 사이의 물리적 빗장은 치안과 보안 유지를 위해 일정 부분 필요하다. 그러나 이러한 빗장은 눈에 보이지 않는 심리적 경계를 만든다. 고급 아파트는 얼핏 도시 속 새로운 공동체, 훈훈한 하나의 공동체를 조성하는 듯 보인다. 세련되면서도 따스한 공동체의 이상을 실현할 수 있는 곳처럼 보인다. 그러나 놀이터나 택배 차량 제한 등의 사례에서 볼 수 있듯 고급 브랜드 아파트는 '그들만의 세상'을 구축할 수도 있다. 상류층과 중산층, 중산층과 서민층 사이의 공간을 분리하는 하나의 기제로 작용하는 것이다. 이러한 분위기 속에서 외부인들은 '잠재적 침입자'가 되고, 물리적 빗장만큼이나 견고한 심리적 빗장이 형성된다.

　심리적 빗장 지르기는 미묘한 차별의 선을 만들기도 한다. 이 선은 언어에도 스며든다. 2018년에는 '휴거'라는 말이 화제가 됐다. 초등학생들 사이에서 **휴먼시아 거지**라는 말이 심심찮게 오르내리면서 언론에서도 다룬 것이다. 휴먼시아는 대한주택공사가 LH(한국토지주택공사)로 통합되기 전에, 2006~11년까지 도입한 아파트 브랜드를 말한다. 이 아파트가 공공분양과 공공임대에 동시에 사용되면서 임대 아파트라는 인식이 굳어졌다. 이후 임대 아파트는 아이들에게 놀림의 대상이 되었다.

임대 아파트에 대한 차별은 언어뿐 아니라 물리적인 장벽으로도 존재한다. 눈에 보이는 건물의 층수나 도색이 다르거나, 일반 세대와의 벽을 처음부터 만들기도 한다. 서울 개포동의 한 신축 아파트는 헬스장과 수영장, GX룸 등 대규모 커뮤니티 시설을 두어 고급 아파트의 면모를 완벽히 갖춘 아파트로 화제가 됐다. 이 아파트 단지에는 별개의 건물인가 싶을 만큼 층수가 낮고 짙은 색으로 도배되어 있는 동이 하나 있다. 외장재와 층수가 다른 이 7층짜리 건물은 임대동이다. 얼핏 봐도 일반 단지와 별개의 건물로 느껴진다.

서울 마포구 서교동의 한 주상복합 아파트에는 특이하게도 최고 39층인 비상계단을 올라가다 보면 10층에서 11층으로 올라가는 길이 막혀있다. 비상계단이 애초부터 막힌 채 설계되어 있어 의아함을 불러일으킨다.

화재에 취약한 위험한 설계가 이루어진 까닭이 뭘까. 임대 주택과 일반 주택 사이의 구조적 차별이 그 이면에 있다. 즉 아파트 4~10층에는 임대 주택이 있고, 11층부터 일반 주택이 배치되어 있다. 재개발과 재건축을 할 때 임대가구 의무 비율을 10~15% 정도로 정한 서울시의 소셜 믹스 정책에 따른 것이다. 애초에 소셜 믹스는 일반 주택과 임대 주택이 한 단지에 섞여있으면, 다양한 사회계층 사이에 공존을 꾀하는 시스템이 생길 수 있다는 취지에 따라 생긴 것이었다. 그러나 이 아파트의 임대동인 10층과 일반 주택인 11층 사이에는 공존 대신 구조적인 경계선이 그어졌다.

임대 아파트와 일반 동 사이를 가르는 물리적 빗장은 계급 의식과 차별을 드러낸다. 그 차별에 발 딛고 다시 '휴거'라는 언어의 빗장이 둘러쳐진다.

"너 어느 동네 사니?"라는
질문에 숨겨진 욕망 ———

주거의 형태뿐 아니라 지역에 따라서도 계급 의식은 존재한다. 언젠가부터 각종 부동산 온라인 커뮤니티에는 부동산 계급표라는 것이 떠돌기 시작했다. 서울부터 시작해 지방까지 주택 시세를 기준으로 지역을 나눠 9개의 계급을 만든, 흥미로운 표다.

이 계급표는 세밀하게 나뉘어있다. 같은 지역이라 해도 주택 브랜드, 주택 보유 유형 등을 기준으로 '보이지 않는 계급'이 존재하기 때문이다. 우리나라에서 가장 비싼 아파트로 여겨지는 강남 3구 아파트의 3.3㎡당 가격은 2024년 3월 기준 6,609만 원이다. 강남 3구 외 서울 지역이 3,237만 원이니 다른 지역 아파트 두 채를 살 만큼의 값이다. 부동산이 부의 상징이다 보니 과열될수록 강남과 강북, 서울과 지방, 유주택자와 무주택자 프레임을 넘어 계급은 점점 더 세분화한다.

그래서 요즘에는 **너 어느 동네 살아?**라는 질문은 단순한 물음에 머무르지 않는다. 의도하든, 의도하지 않든 사는 '동네'를 알면 그 동네의 '아파트 가격'을 상상하게 되고, 상대방의 사회 경제적 수준을 가늠하게 된다.

아파트 지역으로 계급을 나누는 행위는 역설적으로 차별성 없이 엇비슷한 우리의 욕망과 불안을 반영한다. 박완서 작가의 1974년 소설 〈닮은 방들〉은 한국에 대규모 아파트 단지가 들어서기 시작할 즈음 쓰인 작품이다. 1970년대부터 강남 개발 붐이 일어났다. 한강 이남에 대규모 아파트 단지가 속속 들어섰고 동시에 부동산 신화의 욕망이 자라나기 시작했다.

소설의 주인공 역시 이러한 욕망에 편승한다. 그는 7년간 친정집에 얹혀살며 매달 백여 만 원을 저축한다. 인내의 계절을 견디며 얻고자 했던 것은 강남에 위치한 18평 아파트였다. 주택인 친정과는 달리 두꺼운 콘크리트 벽으로 각 세대의 영역이 차단된 공간. 독립적이고 현대적인 생활을 동경하며 마침내 주인공은 꿈꾸던 공간에 입주한다.

지독한 열망과 각고의 노력 끝에 아파트에 입주한 주인공은 공허함에 빠진다. 그곳은 개성이나 자아를 펼칠 수 있는 곳이 아니었다. 이 집이 냉장고를 사면 저 집도 냉장고를 따라 사고, 윗집이 티브이를 사면 옆집도 티브이를 산다. 이웃끼리 각자의 요리 레시피와 인테리어 노하우를 공유하지만, 경쟁적으로 서로를 따라 하는 행위로 이어진다. 강남의 18평 아파트는 독립적인 생활을 누릴 수 있는 공간이 아니라, 동일성으로 점철된 '닮은 방들'이었던 것이다. 무수히 닮은 방들 중 하나를 획득하지만, 결국 주인공은 놀랍도록 닮은 욕망을 가진 군중 속 한 명이 되어버린다.

〈닮은 방들〉 속 주인공이 꿈꾼 삶의 실체는 다름 아닌 '중산층 진입'에 대한 열망이었다. 1960년대 정부는 경제개발 5개년 계획에 따라 주택 건설 사업을 시작했다. 당시 9만여 채의 시민 아파트가 건설되었고 1969년 한국주택은행법이 개정되면서 민간자금도 동원할 수 있게 되었다.

1971년, 정부가 여의도에 시범 아파트 단지를 세우면서 최초로 단지형 고층 시범 아파트의 역사가 시작된다. 더불어 중산층에 대한 욕망도 새롭게 들어섰다. 정부의 정책 기조였던 1가구 1주택이 중산층의 조건으로 편입되기 시작한다. 정부와 민간기업의 전략적인 기조 아래 '고급 아파트'를 소유한 도시 중산층

이데올로기가 만들어진 것이다. 아파트는 단순히 주거지라는 상징을 뛰어넘게 된다. 다른 계급과의 차별성을 얻고, 정서적 우위를 점하는 욕망의 실현지가 된다.

그 역사는 유구하게 이어지는 중이다. 한국 사회에서 아파트는 일종의 계급을 나타내는 상징이니까. 사람들은 거주지, 고등교육, 문화 수준 등에 계층의 태그를 붙여두고 그보다 밑에 속한 계급과 자신을 분리한다. 한편으로는 이 실체 없는 중산층의 대열에서 낙오할 수도 있다는 초조와 불안이 숨어있다. 아파트의 기나긴 이름, 온라인에 떠돌아다니는 부동산 계급표, 거주지가 어디인지를 묻는 물음, 그리고 여기에 뒤따르는 불안의 그림자 속에.

이는 한국인의 모습과 욕망이 얼마나 놀랍도록 닮아있는지 보여주는 지표다. 납작하고 얄팍한 구별짓기에 매달리는 것은 은연중에 우리가 꿈꾸는 삶의 형태가 비슷하다는 걸 보여주는 징표니까. 한편으로 중산층의 대열에서 낙오하지 않으려는 불안감을 보여준다.

심리적 빗장 지르기에서 벗어나려면 어떻게 해야 할까. 우리의 욕망이 얼마나 비슷한지 인식하는 것이 먼저다. 역설적이게도 쫓고 있는 욕망이 닮은꼴임을 깨닫는 순간, 다른 삶을 지향할 수도 있다는 깨달음을 얻는다. 그 깨달음이 새로운 삶의 모습으로 이어지기도 한다. 빗장이 질러진 아파트가 아닌, 새로운 형태의 공동체를 꾸려갈 수도 있다. 서울 마포구 성산동의 성미산 공동체가 대표적인 사례 중 하나다.

성미산 공동체는 마포구의 성미산을 중심으로 연결된 크고 작은 70여 개의 공동체이며 관계망이다. 공동체의 씨앗은 '공동 육아'에서 시작됐다. 1994년 성미산 주변 주민 중심으로 육아로 인한 고립감을 해결하고자 모인 사람들이 필요에 따라 만든, 협동조합형 어린이집이었다. 어린이집에 다니던 아이들이 자라면서 마을의 활동 분야도 점점 넓어졌다. 어린이집을 졸업한 아이들의 대안 교육을 위해 성미산 학교가 만들어졌고, 먹거리를 함께 나누고 판매하는 두레생활협동조합, 마을의 공용 화폐인 '두루'의 사용도 이어졌다.

30년 역사를 가진 이곳 주민들은 두레나 단기 소모임 등으로 연대를 이어간다. 새로운 형식의 커뮤니티에 관심을 가지고 방문하는 외부인만 1년에 3,000여 명에 이른다. 이 공동체는 새로운 커뮤니티의 가능성을 보여준다. 휘황찬란하지만 외부와 단절된 공동체가 아닌, 연대하고 공존하는 방식의 주거 공동체도 존재할 수 있다는 사실을 알려준다. 다채로운 삶의 형태와 공동체를 모색할 때 우리는 납작하게 눌린 비교에서 벗어나게 된다. 닮은 방을 벗어나는 순간 비로소 다차원의 공간이 열리는 것이다.

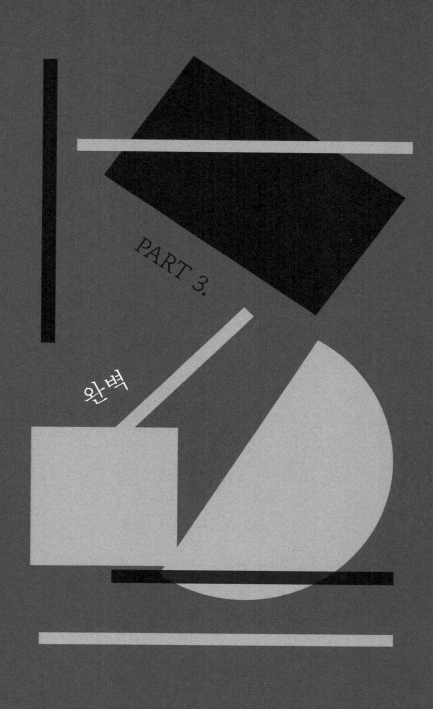

PART 3.

완벽

육각형 인간과
올드머니 룩:
완벽에 가까운
인간의 탄생

벌집과 눈송이, 얼핏 보면 아무 관계도 없는 듯 보이는 두 도형의 공통점이 뭘까. 답은 육각형이다. 무리를 지어 사회생활을 하는 벌은 육각형으로 집을 짓는다. 최소한의 재료로 최대한의 공간을 확보할 수 있는 도형이기 때문이다. 사각형보다 균형 있게 힘을 배분하면서 완벽하게 맞물리는 마법의 구조이기도 하다. 눈송이 결정 역시 육각형의 형태를 띤다. 물 분자가 얼어붙는 과정에서 가장 안정적인 구조를 형성하기 때문이다.

　이 매력적이고 안정적인 도형이 언제부턴가 인간을 가리키는 수식어로 등장했다. SNS나 포털사이트에는 '육각형 아이돌', '육각형 연예인', '육각형 브랜드' 등의 검색어가 자주 등장한다. 연예인이나 인플루언서에게 **역시 육각형 인간이라 모든 걸 다 갖췄다**는 찬사를 부여하기도 한다.

　육각형이 완벽한 도형의 표상이듯, 육각형 인간이란 외모와 성격, 자산, 직업, 집안, 학벌 등 모든 측면에서 한 가지도 모자람 없는 '완벽에 가까운 인간'을 뜻한다. 심지어 이 완벽한 인간형에게는 미처 생각지 못한 또 다른 엄격함이 따른다. 이 기준에 부합하는 대다수가 능력이나 노력으로 탄생하는 게 아니고 '태어날 때부터' 결정된다는 것이다.

올드머니 룩, 타고난 것에 대한 선망 ———

2023년을 강타한 '올드머니 룩'이란 패션 트렌드가 있었다. '올드머니'는 유산이나 상속으로 물려받은 재산을 뜻한다. 다시 말해 가난한 집안에서 태어나서 부를 축적한 자수성가형 부자는 올드머니가 될 수 없다. 오래전부터 부자였고 세대를 거듭하며 부를 축적하고 명성을 쌓아온 상류층만을 일컫는 말이다. 이런 이유로 올드머니는 부티 나지만 조용한 명품 룩을 지향한다. 즉 명품을 입더라도 로고나 요란한 패턴 등을 드러내지 않고, 소재와 실루엣만으로 고급스러움을 드러내는 '진짜 부자'를 위한 패션을 지칭하는 용어다.

올드머니 룩에 관한 이야기는 육각형 인간에 대한 지향과 통하는 구석이 있다. 원래 육각형 인간이라는 말도 2000년대 초 미국 대학가에서 쓰이는 '아무 노력 없이도 완벽한effortlessly perfect'이란 단어에서 비롯된 것이기 때문이다. 아무 노력 없이 완벽하다는 말을 뜯어보면 무척 흥미롭다. 이는 곧 태생적으로 '타고나야 한다'는 명제와 맞물리기 때문이다.

일단 육각형 인간의 기준 중 하나인 '좋은 집안'을 살펴보자. 그야말로 개인이 타고나야 가능한 조건으로 후천적인 노력이나 선택과는 무관한 것이다. 최근에는 SNS나 온라인 커뮤니티에 '부富내' 나는 '금수저'에 대한 찬사가 넘쳐나는데, '부내 난다'는 말도 같은 맥락에서 읽힐 수 있다.

학력이나 직업이라는 잣대도 마찬가지다. 특히 대한민국은 첫 노동 시장에 진입하기까지 돈이 많이 드는 나라다. 최근 들어 부모의 부와 계층을 물려받는 경향이 두드러지면서 부모의 사회적 지위 등 다양한 요인이 개인의 성공에 영향을 미치게 되었다. '고학력–전문직'이나 '고학력–대기업 취업'처럼 대다수가 선망하는 코스 역시 타고난 환경과 관련이 깊어졌다.

외모 또한 타고난 부분이 크게 작용하는 분야다. 물론 성형이나 패션, 자기 관리 등 후천적인 노력으로 외모를 바꿀 수는 있다. 하지만 지금은 '고급스러운 외모', 내지는 '성형 티가 나지 않는 외모'라는 말이 외모에 대한 최고의 찬사가 됐다. 성형을 과하게 하거나 독하게 다이어트로 살을 뺀 사람들에게는 퍼붓지 않는 찬사다. 이제 사람들이 추구하는 건 인위적인 노력이 아니라 타고난 고급스러움이다. 원래부터 예쁜 외모로 태어나야 욕을 덜 먹는 시대가 된 것이다.

성격은 어떨까. 사람들이 '좋은 성격'이라고 이야기할 때 언급하는 배려심이나 긍정적인 태도, 융통성, 자존감 높은 성격은 후천적인 노력으로 가꿀 수 있다. 그런데 최근 들어 좋은 성격을 언급할 때 두드러지는 특징이 있다. 많은 사람들이 **사랑 많이 받고 자란 티가 나는 성격**이나 **부족한 것 없이 자란 성격**이어야 타인에게 베풀 줄 알고 사랑도 줄 수 있다며 칭찬한다. 결핍을 겪지 않고 자라야 긍정적이고 행복한 정서를 지닌 사람이란 얘기를 흔히 하는 것이다.

주변에 재벌 집안의 2세나 3세의 삶을 부러워하면서 이들의 '사랑받고 자라 여유로운 품성'을 칭찬하는 글이 넘쳐난다. 과거에는 부유층 자제들을 방탕하게 사는 오렌지족 같은 부정적인 이미지와 연결 짓는 분위기가 있었지만, 오늘날 부유층 2세에 대한 세간의 평가는 사뭇 달라졌다. 원래부터 금수저로 태어나 여유롭고 선한 품성, 고급스러운 취향을 가진 이들에게 칭찬을 퍼붓는 시대가 된 것이다.

모든 얘길 종합해 보면, 육각형 인간이 되려면 금수저에 타고나길 훌륭한 외모와 체형을 지니고 있으며 사랑받고 자란 티가 나는 긍정적인 성격을 지니고 있어야 한다. 좋은 학벌은 기본이고 그에 상응하는 직업에서 열정을 보이는 게 좋다. 찌그러지거나 튀어나온 부분 없이, 오차 없는 인간형을 원하는 것이다.

셀럽이나 연예인을 평가할 때 이 엄격한 잣대가 특히 두드러진다. 가령 아이돌의 경우 단순히 얼굴이 예쁘거나 노래를 잘하는 것 정도로는 부족하다. 노래나 춤, 타고난 끼가 완벽해야 하며, 태어날 때부터 성형 없이도 미모와 몸매가 뛰어나야 한다. 강남 출신이거나 해외 유학 경험이 있어 영어도 잘하면 좋은데, 결국 재력가이거나 엘리트인 부모 밑에서 자라는 것이 육각형 인간의 조건 중 하나인 것이다. 성격도 좋아야 하는데, 모나지 않고 사랑받은 티가 나며 자존감이 높고 당당한 품성을 선호한다.

나열하기만 해도 엄격하고 까다로운 조건임을 알 수 있지만, 이 육각형 트렌드는 사람들 사이에서 하나의 놀이 형식이 되기도 했다. 평범한 사람이 영화 속 주인공이 되고픈 바람으로 코스프레를 한다거나, 이런 내용을 희화화한 영상이나 밈이 유행하는 식이다.

완벽한 인간에 대한 신화는 어디에서 비롯된 걸까. 예전에 비해 '노력'이나 '흙수저의 성공 신화'에 대한 믿음을 가진 사람들이 사라진 지점에서 그 원인을 찾을 수 있다.

완벽함을 동경하는 시대 ────

1990년대 초반, 베스트셀러였던 《공부가 가장 쉬웠어요》란 제목의 책이 있었다. 제목 역시 하나의 유행어가 되어 떠돌 정도로 큰 인기를 끌었다. 저자 장승수는 집안 형편이 어려워 막노동을 하면서 대학교 입시를 준비했고, 결국 서울대 인문계에 수석 입학한 인물이었다. 장승수의 인생 서사는 당시까지 많은 이들이 믿고 따르던 "개천에서 용 난다"는 신화를 상징했다. '노력하면 성공한다'는 명제가 사회의 주요한 믿음일 때였다.

당시 대중들이 선호하던 자산 증식의 방법에서도 이러한 믿음을 읽을 수 있다. 1990년대 초반까지는 매년 저축의 날에 금융위원회에서 저축을 많이 한 기업가나 연예인에게 '저축왕'이라는 타이틀과 함께 수상이 이루어졌다. 매년 이 저축왕에 대한 신화가 커졌다. 상을 탄 이들은 '성공한 고소득자'라는 이미지와 함께 성실하게 노력해 돈을 모으고, 이 돈을 건전한 투자 수단인 저축에 쏟아 부를 이루었다는 긍정적인 이미지가 있었다.

요즘은 다르다. 매년 10월 마지막 화요일, 금융의 날이 오면 정부는 여전히 저축을 많이 한 이들에게 대통령 표창을 수여한다. 유명 연예인이나 운동선수가 수상했다는 기사가 실리지만, 예전만큼 화제가 되지는 않는다.

저축왕의 화제성은 이제 빌딩 매입이나 주식 투자 등을 통해 돈을 불린 사람들의 이야기로 대체됐다. 가장 주요한 이유에는 자산 증식 수단의 변화가 있다. 예금 금리가 10%가 넘던 시대에 비해 저성장 시대에는 은행 이자율이 예전만큼 매력적이지 않기 때문이다. 사고방식의 변화도 있었다. 무엇보다 저축왕이 화제가 되고 《공부가 가장 쉬웠어요》가 베스트셀러에 오르던 시대에는 자신의 노력을 쏟아부으면 자산을 일굴 수 있고, 사회적 성공을 이룰 수 있다는 믿음이 있었다.

이 신화는 서서히 빛을 잃고 있다. 프랑스 경제학자 토마 피케티가 《21세기 자본》에서 이야기했듯, 가난한 집에서 태어나 취업을 하고 성실히 일해 월급을 모아도, 노동임금 증가율이 부를 타고난 이들의 자본 증가율을 뛰어넘기 어려운 시대가 됐다. 계층의 사다리라 불리던 교육에 대한 믿음도 마찬가지다. 교육도, 취업도 대물림되는 사회에서는 더 이상 개인의 노력이 세습되는 자본을 이길 수 없다는 믿음이 강화된다.

설문조사 결과를 통해서도 계층 사다리에 대한 믿음이 깨어지고 있음을 확인할 수 있다. 2023년 11월 통계청이 발표한 사회조사 결과에 따르면, 성인 10명 중 6명은 "아무리 노력해도 계층 간 이동은 어렵다"고 생각하는 것으로 나타났다. 뿐만 아니라 19세 이상 인구 가운데 자식 세대의 계층 상승 가능성에 대해 높다고 응답한 사람은 29.1%에 불과했다. 낮다고 응답한 비율은 54%로, 2021년 같은 조사에 비해 0.2% 증가했다.

거대한 부나 막강한 사회적 지위를 쌓은 사람들의 모습을 수시로 볼 수 있는 시대가 된 것도 변화의 원인이다. 소셜 미디어가 발달하면서 타인과의 비교가 심해졌는데, 해당 비교 대상이 친구나 이웃뿐 아니라 유명 연예인과 인플루언서 등으로 확장되었다. 진짜 부자의 세계가 무엇인지 알려주는 콘텐츠가 넘쳐난다. 재벌 2세나 3세의 일상, 그들이 살고 있는 집의 풍경, 해외 여행 일화를 쉽게 볼 수 있다. 취미로 연예인 생활을 하는 금수저 아이돌이 누구인지 알려주는 정보성 콘텐츠도 많다.

'진짜 부자의 특징'이 무엇인지 알려주는 이야기도 넘쳐난다. 수십 년 전 평범한 이들은 고급 아파트나 레지던스의 내부 구조를 알 길이 없었다. 그러나 지금은 유튜브나 인터넷을 조금만 검색해도 다른 계층의 삶을 구경할 수 있는 시대다. 백화점 VIP가 누리는 혜택이나 잠실 시그니엘의 내부 구조와 서비스를 살피는 건 이제 어렵지 않은 일이다.

이처럼 끝없는 정보는 결국 더 많은 부를 쌓은 사람에 대한 선망으로 이어진다. 원래 소득이 높은 계층이 노력해서 이룰 수 있는 수준과 그렇지 않은 계층이 노력해서 달성 가능한 수준의 간극을 인식할수록 다다르지 못할 세계에 대한 동경은 커진다.

소셜 미디어로 비교 대상은 넓어졌지만 자신이 닿기 어려운 삶을 마주했을 때, 사람들은 어떤 선택을 할까.《공부가 가장 쉬웠어요》식의 성공 신화를 뒤로 미뤄두고, 주식 투자나 부동산 투자로 한 방에 부를 일굴 수 있는 방법을 찾는 게 쉽다. '타고난 금수저 연예인', '육각형 인간', '넘사벽' 부자가 넘쳐나고, 그들의 삶을 따라가기 어렵다는 걸 알게 된 이들은 좌절이나 선망의 길을 택한다. 더 높은 완벽주의의 성을 쌓고 스스로를 가두는 이들도 있다.

완벽에 대한 새로운 규정 ———

언젠가 인터넷에서 "가장 옷발 잘 받는 체중"이라는 글을 클릭한 적 있다. 남녀의 신장에 따라 가장 옷이 근사하게 잘 어울리는 체중을 적은 듯한데, 그 안에 적힌 키와 몸무게의 수치가 흥미로웠다. 가령 남성의 키가 179cm이면 65.6kg의 체중이 적합하고, 여성의 키가 163cm이면 49.3kg이란 몸무게 숫자가 짝지어져 있었다. 원래부터 마른 체형으로 태어났거나 지독한 다이어트를 거쳐야 도달 가능한 숫자다. 진지한 성격의 게시물은 아니었으나 게시물을 클릭해 본 이라면 완벽에 가까운 숫자와 자신의 체중을 비교해 보게 된다. 이 숫자는 현실의 극소수만 도달할 수 있는 허상에 가깝다.

곳곳에 떠도는 '완벽한 인간'에 대한 환상도 마찬가지다. 사람을 기준으로 하지만 사람이 닿기 어려운 지점을 완벽으로 칭하고 있기 때문이다. 좋은 학벌, 성공한 경력, 아름다운 외모, 긍정적인 성격, 높은 자존감을 가진 사람이 되는 방법은 SNS에 소개되나, 현실과 거리가 멀어 많은 사람들에게 자기혐오감을 불러일으키기도 한다. 사람들은 완벽한 인간형에 도달하지 못하는 자신을 미워하거나, '다시 태어나니 ~이 되었다' 식의 회귀물과 같은 새로운 도피처를 찾기도 한다. 완벽의 표본이라 생각했던 인물이 그 기준에서 조금이라도 어긋나면 무자비한 비판을 일삼기도 한다. 일부 연예인들의 외모에 대한 댓글창은 완벽한 외모에 대한 강박으로 가득 차있는 곳이다. 다리가 짧은 것, 머리 크기가 작지 않은 것, 이상적인 신체 비율에 들어맞지 않는 것, 말라도 지나치게 마르지 않은 것. 이 모든 것이 '평가를 가장한' 일종의 비판 대상이 된다.

돌아보면 세상이 제시하는 완벽의 기준은 자본주의 사회에서 '흠결 없는 완제품'을 찾는 논리와 비슷하다. 공장에서 찍어내는 상품은 '태어날 때부터' 완벽하지 않으면 불량품으로 분류된다. 자본주의 사회에서 이상적인 상품은 높은 화폐 가치로 교환 가능한, 치명적 하자가 없는 것이어야 하니까.

그런데 인간은 완제품과 불량품으로 가를 수 있는 대상이 아니다. 애초에 흠결과 완벽이라는 말 자체에도 모순이 있다. 세상이 내미는 기준조차도 '타인의 시선', '외부의 객관적 수치'에 초점이 맞춰져 있다. 아무리 타고나도 모든 사람을 만족시킬 수 있는 기준은 존재하지 않는다. 개인의 일상생활이나 품성 전체를 뜯어보면 누군가는 완벽하다며 동경하겠지만 또 다른 누군가의 시선에는 부족한 것으로 보일 테니까.

'옷발 잘 받는 체중'의 후일담을 말해볼까. 며칠 후 조용히 반박하듯 "그냥 사람답게 잘 사는 체중"이라는 게시 글이 올라왔다. 남녀의 신장과 체중의 기준이 156cm-62.1kg, 145cm-58.7kg으로 시작했다. '사람답게'에 걸맞게 숫자도 기준도 헐겁고 느슨해졌다.

게시물을 보면서 완벽perfect 대신 온전whole이라는 단어를 떠올렸다. 흠결 없는 이상적인 상태를 뜻하는 것이 완벽이라면, '온전'은 원래의 모습을 그대로 유지하면서도, 훼손되지 않은 상태를 의미한다. 완벽한 사람이 모든 면에서 뛰어난 능력을 갖춘, 닿을 수 없는 이상적인 인간형인 반면, 온전한 사람은 부족함에도 불구하고 자신의 삶을 충실히 살아가는 사람을 말한다. 매끈한 육각형이 아닌, 울퉁불퉁한 고유의 모양새를 인정해 가는 것, 그것이 온전의 세계다. 역설적이게도 이 불완전한 세계에는 불량이나 미완의 상태가 존재하지 않는다.

온전의 세계는 말한다. 얄팍한 완벽의 틀을 헐겁고 느슨하게 만드는 것에 대해. 불완전한 세계를 찾아가는 시도가 필요한 때다.

당신도
갓생을
사십니까

나의 SNS에 "갓생을 사시네요"란 댓글이 달린 적이 있다. 직장에 복귀한 지 얼마 되지 않은 때였다. 직장 부적응 상태였으나, 복귀 전에 줄줄이 계약해 놓은 원고들을 마감해야 하는 때였다. 저녁이 되어 집에 귀가하면 바로 뻗어버리던 시절. 새벽 3~4시에 반강제로 일어나 원고 작업을 했지만 역부족이었다.

갓생을 언급하진 않았지만 과분한 댓글을 다는 이들도 있었다. "작가님 일상을 읽어보니 이렇게 게으르게 살아도 되는지 잘 모르겠어요." 자기반성과 죄책감, 게으른 자신에 대한 부끄러움을 담은 문구가 가득했다. 물론 이 찬사가 일종의 예의라는 걸 안다. 나를 낮추고 상대를 높이는 방식의, 한국식 겸손과 예의를 곁들인 칭찬임을.

그럼에도 어떤 댓글은 나 자신을 되돌아보게 만들었다. 당시 내 일상이 '갓'이라는 접두어를 붙일만한 것인지 의구심도 솟았다. 치열하다고 볼 수도 있는 일상이었지만, 정작 나 자신은 삶이 엉망이란 생각에 휩싸여 있을 때였기 때문이다. 원고를 끝없이 해치우는 상황에서 만성 수면 부족에 시달렸다. 하루 종일 정신이 몽롱하고 피부가 푸석했으며, 직장에서는 실수를 연발했다. 물론 2,300자의 텍스트 제한이 있는 인스타그램에 기나긴 하소연과 누가 봐도 별로인 일상을 구구절절 남길 수 없었다. 진행 중인 원고 작업이나 강연에 간 이야기 정도를 추려서 적고 보니, SNS에는 내 삶의 하이라이트가 걸려있었다. 일상의 적당한 축약과 편집 덕분이었을까. 결과적으로 나는 '미라클 모닝을 실천'하는 '갓생 사는 사람'이 되어있었다.

갓생이 뭘까. 갓God과 인생生을 합친 용어다. 매일 최선을 다해 살아가는 인생, 생산적이고 바지런한 건강한 삶, 또는 매일 작은 일을 꾸준히 실천하며 소소한 성취감을 얻는 일상과 루틴을 규칙적으로 이어가는 삶을 의미한다.

수많은 이들이 '소소하게 실천하는 삶'에 열광하게 된 건 팬데믹 이후부터다. 전염병으로 외출이나 사회활동이 불가능해지면서 전 세계인의 고립된 생활이 시작됐다. 무기력과 번아웃 증상을 보이는 이들도 늘었다. 무기력과 사회생활 단절을 극복하기 위해 사람들은 새로운 삶의 형태를 찾았다. 새벽 기상이나 일기 쓰기, 명상, 달리기 등 매일 작은 루틴을 하나씩 실천하며 규칙적으로 지내는 삶이었다. 삶의 목표 역시 건실해졌다. 현재에 의미를 둔 삶, 일상에 충실하고 오늘의 행복을 추구하는 일상에 대중은 주목하기 시작했다. 이런 분위기의 산물로 갓생이 인기 단어로 등극했다. 2022년 네이버 블로그에서 '갓생'이 언급된 콘텐츠 20만 건을 분석한 결과, 갓생을 사는 삶을 드러내는 블로그, 일기, 챌린지, 목표 등의 단어가 연관어로 검색됐다.

갓생과 관련된 단어 중 실천에 해당하는 단어는 '공부'와 '운동'이었다. 특히 갓생과 관련하여 가장 많이 언급된 단어는 '오운완'(오늘 운동 완료)이었다. 2022년 언급량이 83만 건에 이르렀다. 그 외 이른 새벽에 일어나 독서나 운동 등 자기계발을 하는 '미라클 모닝'이나 '모닝 루틴', 카페에서 공부를 한다는 의미의 '카공'이나 일정 기간 한 푼도 안 쓰는 무無소비에 도전하는 '무지출', 생계유지를 위한 본업 외에도 자아실현을 위해 여러 개의 직업을 가진 사람을 의미하는 'N잡러' 등도 모두 갓생과 관련 깊은 단어였다.

매일 블로그에 글을 올리는 챌린지도 인기였다. 젊은 층에서 하루 10분 운동이나 글쓰기, 명상 등 루틴을 잡는 데 도움을 주는 애플리케이션도 인기를 끌었다. 주목할 점은 '행복'이라는 키워드다. MZ세대는 일상생활에서 작은 목표를 설정하고 실천함으로써 새로운 행복을 찾기 시작했다.

분초 단위로 부지런하게
살아야 한다는 강박 ─────

갓생의 구체적인 모습을 살펴보는 건 어렵지 않다. SNS나 유튜브를 조금만 넘겨봐도 다양한 이들의 부지런한 삶을 엿볼 수 있다. 어떤 이들은 운동에, 어떤 이들은 공부에 몰두한다. 출근 또는 등교 2시간 전에 일어나 운동과 독서, 명상, 공부 등 자기계발 시간을 가진 후 출근한다. 퇴근하거나 하교한 뒤에도 부지런한 일상을 이어가는 이들도 있다. 출퇴근이나 등하굣길, 점심시간도 자기계발에 쓸 수 있는 짧지만 소중한 시간이다. 규칙적인 루틴으로 빼곡히 채워진 하루를 들여다보면 '신의 경지'라는 말이 절로 나온다.

그러나 어딘가 기시감이 느껴지기도 한다. 갓생이나 미라클 모닝 속 성실함은 2020년대 최신 트렌드 같지만, 어딘지 20세기 대한민국의 성장기를 관통하던 '근면 성실의 미덕'과 유사한 구석이 있다. 경제 성장기인 1960~90년대까지 대한민국의 근대화와 경제개발을 이루는 데 큰 역할을 했던 새마을운동과 "일찍 일어나는 새가 벌레를 더 많이 잡는다"는 격언이 떠오른다.

물론 분명한 차이도 있다. 과거의 젊은이들은 사회적 성공이라는 커다란 성과에 몰두한 반면, 21세기 대한민국의 갓생은 거대한 성공 대신 소소한 성취감과 삶의 만족도를 택했다. 공부를 하거나 독서, 운동, 명상 등을 하면서 건강한 삶, 지식 습득, 행복을 추구한다. 서로에게 연결된 유대의 모습도 다르다. SNS로 하루 일과를 공유하면서 타인의 칭찬과 격려를 받고, 스스로를 증명해 내며 뿌듯함을 얻는다. 매일 생산적인 계획을 세우고, 실천하기 위해 바지런하게 사는 인생은 무기력하고 활력 없는 삶보다 뜻깊다.

그러나 갓생을 무비판적으로 과도하게 따라가는 흐름이 생기면서 문제가 되었다. 매일의 소소한 성취를 중요시하는 만큼 하루를 '쪼개 쓰고' '순간순간을 부지런하게 살아야 한다'는 규칙을 강박적으로 지키려는 경우가 많기 때문이다. 그만큼 하루를 정하는 규칙이 촘촘하고 세밀해지고, 때에 따라서는 개인을 옭아매는 규칙이 되기 쉽다.

《트렌드 코리아 2024》에서 선정한 2024년 10대 키워드 중 하나가 '분초 사회'였다. 분초 사회란 시간 단위가 아니라 분 단위, 초 단위로 시간을 쪼개어 사용하며 살아가는 세상을 말한다. 시간은 일종의 자원이며, 이러한 맥락에서 돈을 아껴 쓰듯 모든 일을 분 단위, 초 단위로 쪼개어 효율적으로 사용하려는 사회를 의미한다. 시간의 가성비를 중시하며, 짧은 시간에도 최대한 많은 것을 하려고 한다. 영상을 빠르게 재생하거나, 짧은 요약본만 보거나, 짧은 시간에도 최대한 많은 것을 하며, 틈새 시간을 활용하는 방식을 쓴다. 이때 중요한 규칙이 '적은 시간도 허투루 쓰지 않는 것'이다. 시간도 일종의 가성비의 지배를 받기 때문이다. 시간을 들인 만큼 결과를 얻을 수 있도록 하루 24시간 안에서 더 효율적이고, 실패 없이 경험할 수 있는 것을 찾는 데 공을 들인다.

가성비의 사회에서 모닝 루틴이나 오운완 같은 미션은 더 심한 압박이 될 수 있다. 1970년대 유행한 4당5락四當五落 같은 이야기와는 차원이 다르다. 하루에 4시간 자면서 공부하면 대학에 들어가고 5시간 자면서 공부하면 대학에 못 간다는 말은 어마어마한 노력을 쏟아 원하는 바를 달성하는 데 목표가 있었다. 그러나 '갓생'을 살기 위해서는 그냥 부지런히 사는 정도로는 충분하지 않다. '매일의 행복과 루틴을 찾는다'는 갓생에 자기계발의 담론까지 더해지면서 '분초를 쪼개어' 열심히 살아야 한다는 생각이 널리 퍼졌다.

매일 10분 운동을 하거나 1~2시간 일찍 일어나는 소소한 목표가 오히려 더 큰 압박이 될 수 있다. 겉보기엔 누구나 마음먹으면 실천할 수 있는 것처럼 보인다. SNS에는 '새벽 4시에 일어나니 인생이 이렇게 바뀌었다'는 이야기나 '하루 10분 공부를 하니 목표를 이루었다'는 제목의 콘텐츠가 가득하므로. 더구나 작은 실천을 꾸준히 하니 인생이 바뀌었다고 간증하는 이들은 서울대 수석 합격생이나 성공 신화를 이룬 기업인이 아니라, 우리 곁의 누구나처럼 평범한 인생을 살아가던 이들이다.

'작고 꾸준한 실천과 노력'을 하니 인생의 전환점이 마련되고 성공의 길이 열렸다는 논리와 취지는 좋다. 작은 실천을 행하는 사람이 되고자 노력하는 것도 나쁠 게 없다. 다만 이 평범한 성공 신화는 작고 꾸준한 노력이 인생 성공으로 직행한다는, 결과 중심적이고 단순한 법칙으로 변주되기 쉽다. 이 단정적인 논리는 사람들을 괴롭히기도 한다. 모든 이의 인생에는 변수라는 것이 존재하기 때문이다.

직장에서 받는 스트레스로 정신적 여유가 없거나 몸이 아파서 운동이나 미라클 모닝을 실천하기 힘든 사람이 있다고 가정해 보자. 그가 이런 사정을 생각하지 않고 갓생 실천을 위해 무리수를 두다 실패한다면 자괴감을 느끼기 쉽다. 하루에 10시간 이상 근무하며 강도 높은 업무를 수행하는 사람 역시 모닝 루틴과 오운완을 실천하기 어렵다. 그럼에도 갓생의 시대에서는 평범하게 시간을 쪼개 쓰는 것이 어려운 이들조차 '더 부지런하고 더 생산적이지 못했다'는 묘한 죄책감에 시달리기 쉽다. 빼곡히 들어찬 리스트를 보면서 '그마저도 실천하지 못하는 나'를 '수준 미달'로 폄하하는 경우도 생길 수 있다. 이처럼 엄격하고 미세한 갓생의 세계는 본래의 취지와 달리 자포자기와 좌절을 불러오기도 한다.

문제는 획일적으로 갓생을 지향할 때 생긴다. 모든 사람의 조건이 다름에도 생산성 있고 근면한 삶만이 정답이고, 그와 대척점에 있는 삶은 폄하하는 도구로 쓰일 수 있기 때문이다. 본질과 목적과 방향을 잃고 트레드밀 위에서 달리는 것처럼 열심히 사는 것에만 몰두하는 삶은 나를 옭아매는 또 하나의 강박이 될 수 있다.

모두를 위한 정답은 없다 ———

인스타그램에 오운완과 미라클 모닝을 검색해 보면 각각 880만 개와 208만 개가 넘는 게시물이 뜬다. 갓생이라는 검색어를 넣어봐도 24.7만 개 이상의 게시물이 검색된다. 21세기의 근면 성실한 삶은 기록과 함께한다는 특성이 있다. 오늘의 운동을 충실히 하면 그것을 해시태그와 함께 기록으로 남긴다. 미라클 모닝 역시 온라인에 꾸준히 기록을 남겨 실천 습관을 만든다. 이것이 일종의 챌린지로 이어지기도 한다.

실천하고 기록하는 삶 자체는 바람직한 것이지만, 때로 암묵적 강요로 작용한다. 집에서 놀거나 쉬거나 남들 보기에 게으른 삶은 보여주기에 적당하지 않으므로. 사회는 은연중에 속삭인다. **누구나 노력하면 원하는 모습이 될 수 있다, 네가 게으르고 부족해서 원하는 걸 얻지 못하는 것이다**라는 말을. '갓생'을 지향하는 청년들의 삶 이면에는 더 열심히 하지 않으면 안 된다는 부담감과 그로 인한 과로, 무기력이 동시에 존재한다.

이것이 과도한 자기 검열로 이어지기도 한다. 영국의 저널리스트 윌 스토는 저서 《셀피》에서 완벽에 부합하는 자아를 지향하다 젊은이들이 어떤 방식으로 무너져 가는지를 밝힌다. 세상이 원하는 완벽하게 부지런한 사람이 되는 건 불가능하다. 실패가 뻔히 보이는 조건에서도 우리는 불가능한 상황조차 극복해낼 정도로 부지런한지를 체크하는 데 열중한다. 기준에 부합하지 않으면 규칙을 지키지 않은 나, 타인에 비해 게으른 나를 탓하며 스스로를 질타하기 쉽다. 광고나 인스타그램, 유튜브는 끊임없이 부지런한 이들이 어떻게 살아가는지 알려준다. 은연중에 속삭이는 것이다. **누구나 노력하면 이 정도는 이룰 수 있다**고. 이런 속삭임 속에서 자기 검열과 질타는 한층 더 강화된다.

과도한 자기 검열의 바탕에는 어떤 감정이 깔려있을까. 성장의 욕구, 행복, 소소한 성취란 말을 제거하고 나머지 부분을 헤집고 나면 남는 건 불안이다. 현대인은 끊임없이 불안하다. 뒤처질까 불안하고 집단으로부터 소외될까 봐 불안하다.

21세기 현대인의 불안도가 유독 높은 건 치열한 경쟁과 관련 있다. 지금의 젊은 세대는 부모 세대보다 가난한, 최초의 세대다. 높은 성장률을 기록하던 시절은 지나간 세기가 되었다. 저성장의 시대는 불안을 부추긴다. 국민이 느끼는 경제적 어려움을 수치화한 경제고통지수(실업률+물가상승률)를 세대별로 조사한 결과에 따르면 청년층(15~29세) 체감경제고통지수가 25.1로 가장 높았다.(2022년, 전국경제인연합회) 물가는 올랐고 청년층의 학력은 전반적으로 올라갔지만, 실질적인 일자리는 줄었기 때문이다. 2017~20년 배출된 대졸자는 223만4천 명인 데 반해 신규 고학력 일자리는 126만4천 개로 절반에 그쳤고 이는 청년층의 실업률로 이어졌다. 경쟁이 치열해질수록 불안도는 높아진다.

불안에도 순기능은 있다. 적당한 수준의 불안은 정신적 각성을 불러일으켜 효과를 발휘한다. 그러나 불안의 정도가 높아져 개인을 압박하면 집중도가 떨어진다. 극에 달하면 사소한 실수가 잦아지고, 의사결정 능력이 떨어진다. 우리의 갓생살이도 마찬가지다. 어느 정도까지는 일상을 열심히 살아야 한다는 불안이 힘을 발휘하지만, 지나치면 24시간을 쪼개서 살아야 한다는 강박에 시달리게 된다. 심지어 나의 취향을 즐기거나 삶의 즐거움을 누리기 위해서도 머릿속 타이머를 짊어지고 시간을 쪼

PART 3. 완벽

개 써야 한다. 이 '평범한 근면함'의 세계에서 살아남지 못하면 도태될 거라는 압박감이 뒷면에 존재하는 것이다.

《과부하인간: 노력하고 성장해서 성공해도 불행한》을 쓴 작가 제이미 배런은 이 자기계발의 열풍을 꼬집는다. 자기계발이 부정적인 것은 아니나 그 몰입이 과하다는 것이다. 동기를 부여하고 싶은 마음에 열심히 달리지만, 오히려 현실과 이상의 격차 때문에 삶에 의욕을 잃고, 완벽해지려고 애쓰다가 자기혐오에 빠지기 쉽다.

갓생의 정형화된 이미지를 암묵적으로 강요하는 만큼 그 반대편의 삶을 존중하지 못하는 문제도 있다. 앞으로 나아가는 삶, 건강하고 진취적인 일상이 누군가에게는 바람직하지만 누군가에게는 아닐 수도 있다. 사람들은 저마다 다른 편익과 기회비용을 가늠하며 산다. 이런 상황을 고려하지 않고 놀거나 휴식하는 삶은 '시간을 낭비하는 삶', '철없고 게으른 행동'으로 변주되어 타인의 삶을 비난하는 재료로 쓰이기도 한다.

2022년 이태원 참사에 대한 평가는 우리 사회가 놀거나 쉬는 삶에 얼마나 박한 평가를 내리는지 잘 보여준 예다. 참사 이후 일부 네티즌들은 사건의 희생자를 추모하는 분위기를 비판했다. 사고 날이 핼러윈이었고, 사건이 일어난 장소가 외국인들이 모이는 이태원이라는 이유였다. '놀러 갔다가 죽은 사람들을 왜 옹호해야 하냐'는 질타가 이어졌다. 사고를 당하거나 이 장소를 찾았던 사람들에게 책임을 돌리는 분위기가 형성됐다.

많은 사람들이 이태원에 있었다는 이유만으로 그 어떤 인정도 없이 애도의 자격을 박탈당하는 현장을 목격했다. 자신이 속한 이 세계에서 '놀이'와 '노는 사람'은 가치 없는 것으로 평가되는 것을 넘어 혐오의 대상이 됐다. 여기에는 생산성 있고 화폐가치로 환원될 만한, 근면 이데올로기에 적합한 행위만 사회적으로 인정되고, 자신의 욕구를 위해 쉬거나 놀거나 시간을 그냥 보내는 행위는 '쓸모없는 행위'라는 이분법이 자리하고 있다. 이 이분법의 잣대 위에서 누군가는 '쉬거나 놀았다'는 이유로 폄하당한다.

'갓'이라는 말은 평범한 루틴이 이룰 수 있는 기적, 그 위대함을 아우르는 말이기도 하지만, 한편으로는 완벽과 성실이라는 단어에 스스로를 욱여넣는 삶이기도 하다. 새벽 5시에 일어나 독서와 명상을 하고 건강한 재료로 만든 도시락을 챙기고, 이동 시간도 살뜰히 아껴 뉴스레터와 유튜브 등으로 사회 전반의 정치적 과제, 사회 문화 정보를 확인하며 분 단위로 사는 삶이 누군가의 정답일 수는 있다. 순간의 소중함 역시 되새겨 볼만한 가치다. 그러나 그 소중한 순간은 역설적이게도 시간도 가성비 있게 써야 한다는 원칙에 갇힌다.

　바지런한 일상으로 분초를 빼곡히 채운 계획표가 모두의 정답은 아니다. 근면 성실에 대한 과도한 압박 밑에 숨은 불안을 깨닫는 게 먼저다.

　흔하디흔한 말이지만 삶은 속도가 아니라 방향이니까. 매일 성장하고 나아져야 한다는 생각이 불안에 발 딛고 있음을 깨달을 때 우리는 비로소 무한 질주하는 트레드밀에서 내려올 수 있을지도 모른다.

PART 4.

가난

'가난한 동네의
특징'이란
글

'가난한 동네의 특징', '흙수저 집안의 특징'. 몇 년 전부터 인터넷 세상에 떠도는 글이다. 이러한 글은 대체로 반대편에 있는 부자 동네나 금수저 집안의 특징과 어떤 차이가 있는지를 밝히는 데 주력한다. 부자 동네와 가난한 동네에 모두 근무해 본 아르바이트생, 학원 강사나 학교 교사, 또는 두 지역에 모두 거주해 본 주민이 자신이 체감한 바를 남기는 경우가 많다.

　이런 글은 대다수 비슷한 논리를 담고 있다. **가난한 이들은 교양이 없고, 무례하고 무책임하다. 가난한 동네에 살면 몰상식한 일들을 목격하게 된다. 사소한 싸움과 공짜 밝히기가 이어진다**는 얘기다. 이 '무례한 특성'은 자연스럽게 가난한 집안에 대물림되며, 이런 지역에서 자란 아이들 역시 '천박하고 촌스럽게 논다'는 문장으로 표현된다. 가난한 동네 부모들이 무례하고 아이에게 신경을 쓰지 않기 때문에 가난한 동네 아이들은 욕과 폭력을 쓰며 그렇게 자라 성인이 되면 교양도 없다는 것이다.

가난한 동네의 특성에 대조해 등장하는 것이 부자 동네의 특징이다. 부자 동네에 사는 사람들은 인품이 여유롭고 인사성이 넘치며 자기관리가 잘되어 뚱뚱한 사람이 거의 없고, 자녀의 가정교육에도 힘을 쏟아 건강한 생활방식이 대물림된다고 주장한다.

인터넷에서 가난의 특성을 밝히는 글은 새로운 사회적 흐름을 반영한다. 이제 가난은 단순히 사전적 의미, 경제력 부족 정도의 수치나 지표가 아니다. 하나의 품성으로 자리 잡았다. 여기에 더해 **돈을 낭비하고 게으르며 충동적이기에 가난하다**는 이야기까지, 가난의 이면에 나름의 서사가 덧붙는다.

가난도 품성이 된 시대 ———

봉준호 감독의 〈기생충〉은 흥미로운 영화다. 부자와 가난한 자들 사이의 보이지 않는 선을 치밀하게 그리며 빈부격차의 민낯을 헤집는다. '가난한 사람은 착하고, 부자는 악하다'라는 전형적인 클리셰를 깨부수는 작품이기도 하다.

우연히 부자인 박사장네에 들어가게 된 반지하에 사는 기택 가족은 속임수를 써서 전원 취업에 성공한다. 이 영화에서 기택이 던진 유명한 대사가 있다. "부잣집 애들은 구김살이 없어. 돈이 다리미야. 돈이 구김살을 쫙 펴준다니까."

이 의미심장한 대사는 앞서 등장한 가난한 동네의 특징을 밝힌 글과 일맥상통하는 구석이 있다. 앞선 이야기 속 글을 올린 네티즌들은 가난한 이들의 천박하고 교양 없고 기회가 생기면 갑질을 하는 품성에 대해 이야기한다.

이처럼 '가난'과 '품성'을 연결 짓는 네티즌의 글 중 흥미로운 시선도 등장한다. 몇몇 이들은 **곳간에서 인심이 나는 건 당연한 일이다, 인성도 여유에서 온다**는 사실을 언급한다. 돈이 구김살을 펴주듯 경제적 여유가 여유로운 품성을 만들어준다는 얘기다. 이 말에 또 다른 논리도 덧붙는다. **이 문제를 바꿀 수 있는 건 가정교육뿐임에도, 가난한 이들은 아무런 노력도 하지 않아 바뀌는 게 없다.**

이 논리에 따르면 인성은 여유에서 온다. 가난한 이들이 여유로운 품성을 갖기 힘든 건, 경제적 사정에 기인한 것이다. 가난한 이들의 탓이 아니다. 결국 사회구조 때문에 가난이 생겼지만, 가난이 대물림되는 건 가난한 이들이 자녀의 가정교육에 최선의 노력을 기울이지 않았기 때문이라는 논리가 성립한다. 가난에 빠진 건 이들의 탓이 아니나, 빈곤 대물림의 늪에서 헤어 나오지 못하는 건 개인의 탓이며 '자업자득'이라는 결론에 다다른다.

역사 속에도 가난과 개인의 품성을 연결 짓는 관점이 있었다. 1960년대 오스카 루이스라는 인류학자가 주장하고 마이클 해링턴이 발전시킨, 빈곤문화론이란 관점이다. 루이스는 빈곤층의 문화를 연구해 제시했다. 그에 따르면 빈곤층은 더 낮은 교육 수준과 취업 기회를 가진다. 결과적으로 빈곤한 문화가 그들에게서 자라나고, 가난한 이들은 스스로를 이 문화에 적응시킨다. 이 빈곤한 문화 안에서 사람들은 새로운 도전에도 무력해지고, 타인에게 의존성을 가진다. 사회 규칙을 자주 어기며 충동적인 성향을 지닌다.

얼핏 어긋나지 않은 논리로 보이던 이 빈곤문화론은 훗날 다양한 비판을 받는다. 특히 빈민에 대한 부정적 인식을 확산시키는 데 일조했다는 지적을 받았다. 사회구조라는 근본적인 문제는 외면한 채, 그런 구조의 희생자를 비난한 이론이라는 것이다.

애초에 루이스가 의도한 바는 아니었을 것이다. 그는 그저 빈곤층의 문화가 가진 특징을 밝히기 위한 연구를 수행했다. 그러나 결과적으로 가난한 이들의 품성을 특정 짓고 범주화하면서 미처 생각지 못한 외부효과가 생겼다. 가난한 이들에 대한 고정관념과 부정적 이미지를 만든 것이다. **가난한 사람은 불성실해, 가난한 사람은 교양이 없어, 가난한 사람은 폭력적이야**라는 인식을 갖게 함으로써 가난한 이들을 비하하거나 혐오할 이유를 제공했다는 비판을 받았다.

이 부정적 이미지는 가난 혐오로 이어졌다. 가난한 사람을 아무 이유 없이 나쁜 사람으로 몰아가면 근거가 없지만, 가난한 사람이 '게으르고, 충동적이고, 교양 없는 나쁜 품성을 가졌기 때문에' 나쁘다고 이야기하면 그럴듯한 명분이 된다. '혐오할 만한' 사람들이기에 혐오해도 괜찮다는 생각이 은연중에 자리 잡는 것이다. 이 논리는 21세기까지 힘을 발휘하고 있다.

차브 파이팅 프로그램 ———

2014년 개봉한 영화 〈킹스맨〉은 영국의 한 청년이 우연히 세계 최고 비밀 정보 기구 킹스맨에 발탁되어 최고의 스파이가 되는 과정을 다룬 작품이다. 영화의 주인공인 에그시는 원래 학교를 중퇴하고 해병대에서도 중도 하차한 뒤 동네 패싸움을 일삼는 하류층 청년이다.

에그시와 같이 영국의 젊은 빈곤층, 노동 계층을 일컫는 용어가 한때 화제가 되었다. 차브Chav족이라 불리는 이들. 이 용어는 아이를 뜻하는 집시 언어 'Chavi'에서, 또는 반항적인 젊은 광부들을 사투리로 불렀던 'Charva'에서 유래했다는 설이 있다.

최근 패션 브랜드의 역사를 다룬 콘텐츠에서 차브족의 존재가 주목받기도 했다. 버버리 패션이 '차브족에게 점령당해' 외면당한 적이 있다는 것이다. 가난한 노동자 계층인 이들이 버버리를 상징하는 무늬가 들어간 모자와 점퍼 등을 즐겨 입었고, 이 때문에 버버리의 브랜드 가치가 급격히 하락해 한때 위기를 맞았다는 흥미로운 얘기가 전해졌다.

사회적으로나 패션계에서나 차브족은 환영받는 존재가 아니었다. 이들은 영국의 드라마 속에서 무책임하게 아이를 낳고 뻔뻔하고 교양이 없는 집단으로 그려진다. 차브족의 불량한 이미지는 사람들의 거부감을 낳았다. 한 헬스장에서는 차브에게 한 방 먹이기 위한 차브 파이팅이라는 운동 프로그램을 광고하는 일까지 벌어졌다.

이러한 차브족에 대한 혐오와 배제가 정당한 것인지 의문을 제기하는 시선이 있었다. 영국의 사회운동가 오언 존스는 자신의 저서 《차브》에서 차브족에 대한 혐오를 새롭게 바라본다. 혐오의 뿌리를 세밀히 들여다보면 가난을 개인의 무능으로 바라보는 20세기 후반 신자유주의 보수 정부의 시선과 궤를 같이한다는 것이다.

영국 보수 정부의 대표 주자를 대자면 마거릿 대처를 빼놓을 수 없다. '철의 여인'이라는 별명을 지닌 대처는 1978년 한 인터뷰에서 가난을 근본적으로 "성격과 인품의 결함"이라 언급하며 냉철한 시선을 보여줬다. 가난한 사람들은 일자리를 구하기 위해 노력하지 않았고, 그들의 게으른 품성 때문에 가난을 이어간다는 것이 그의 주장이었다. 이 논리는 흥미롭게도 오늘날의 가난 혐오 논리와 맞닿는 부분이 있다.

대처와 영국의 보수 정부가 말하고 지향한 바는 명확했다. 가난은 열망이 결여된 노동계급 아이들의 태도에서 비롯된 것이다. 그러므로 사회 안전망이 부족하다거나 사회구조 문제를 탓할 수 없다. 이러한 생각의 연장선에서 1980년대 대처와 보수 정권은 '가난은 나라님이 구제한다'는 명제를 전면 부정했다. 그들은 제조업 일자리의 4분의 1 이상을 사라지게 했고, 공공임대주택 예산을 대폭 줄였으며, 탄광 노조와 정면으로 싸워 산업구조를 바꿨다.

일반적인 통념과 달리 빈곤을 개인의 품성 탓으로 돌려 가난 혐오를 공공연히 내세운 건 보수 진영만이 아니었다. 오언에 의하면 이른바 진보적인 엘리트들조차 인종차별과 성차별 발언에는 민감하지만, 차브를 혐오하는 데에는 거리낌이 없었다. 무책임하고 교양 없는 이들이기에 혐오할 만하다는 생각은 영국인 다수의 머릿속에 각인된 생각이었다.

어떻게 보면 차브족에 대한 거부감과 혐오는 자연스러운 현상일 수 있다. 경제적으로 빈곤한 계층의 일탈적인 행동과 문화는 그 외 계층에게 불안감을 조성한다. 그러나 '차브 파이팅 프로그램'이 만들어질 만큼 미움의 감정이 존재했으며, 이 감정이 다수에게 당연한 것이었다는 점은 의미심장하다. 단순히 불안에 발 디딘 미움을 넘어선, 사회 전반에 널리 퍼진 강력한 혐오였기 때문이다. 그리고 그 혐오를 많은 이들이 정당한 것으로 여기고 있었다.

결핍의 덫에 걸린 사람들 ───

2022년 수원 권선구에서 세 명의 여성이 숨진 채 발견됐다. "세상 살기 너무 힘듭니다"라는 말과 고통의 사연이 줄줄이 담긴, 9장짜리 유서와 함께였다. 사망한 이들은 60대 여성 A씨와 40대 두 딸이었다. 가족은 오래전부터 벼랑 끝에 몰려있었다. A씨는 난소암 진단을 받아 치료를 받는 중이었다. 큰 딸은 희소 난치병을 앓고 있었다. 실질적 가장 역할을 20년 넘게 하던 아들역시 2년 전 루게릭병 발병과 악화로 사망했고, 사업부도 후 빚을 남겼던 아버지는 2년 전 사망한 상태였다. 2021년 2월부터

세 모녀는 건강보험료를 체납하기 시작했다. 고통과 불행이 연달아 찾아왔으나, 복지제도가 제대로 기능하지 못했다. 세 모녀는 자신이 살던 곳, 보증금 300만 원에 월세 42만 원의 12평짜리 집에서 그렇게 목숨을 잃었다.

세 모녀는 왜 사회보장제도의 혜택을 받지 못했던 걸까. 예상치 못한 이유가 있었다. 2020년 2월 경기 화성에서 권선구의 다세대 주택으로 이사하면서 전입신고를 하지 않았기 때문이다. 그들은 주민등록상 주소를 화성 지인의 집에 둔 채 수원에서 월세를 살았다. 빚 독촉을 피하기 위해 주소를 옮기지 않았다. 가난으로 복지제도의 혜택을 받으려면 대한민국에서는 적절한 복지 급여가 무엇인지 확인해서 신청해야 하고, 이 가난을 복잡다단한 서류로 '증명'해야 한다. 무엇보다 자신의 주소지에 있어야 신청이 가능하다. 수원 세 모녀는 가난을 증명하지 못했다. 아니, 주소를 옮기지 않은 걸 보면 이런 제도가 존재하는지조차 인지하지 못했을 가능성이 높다.

사회복지망의 부실을 지적하는 신문 기사도 이어졌다. 2014년 송파구 세 모녀 사망 사건으로 사회보장정보시스템을 개선한 이후 공과금을 3개월 이상 체납하면 관련 정보를 관할 구청에 통보하게 되어있다. 수원시에서 세 모녀의 공과금 체납 사실은 파악했지만, 마지막 집으로 전입신고를 하지 않았기 때문에 지원을 할 수 없었던 것이다. 언론에서는 '전입신고만 되었어도, 또는 긴급복지 신청이 제대로 되기만 했더라도 긴급 생계지원비 120만 원을 받을 수 있었을 것'이란 골자의 보도를 이어갔다. 도움이 절실한 계층을 '발굴'하는 시스템이 미흡하다는 이야기도 전해졌다.

한편으로 세 모녀가 월 1만 원대 건강보험료를 16개월째 못 냈음에도 긴급복지와 생계비 지원을 신청하지 않았다는 사실을 강조한 기사도 있었다. 이러한 강조점은 미묘한 어조를 담고 있다. 비극에 빠진 이들이 문제 해결에 능동적이지 않았다는 점을 암시하기 때문이다.

누군가는 질문을 품을 수 있다. 세 모녀가 좀 더 적극적으로 자신의 문제를 해결하려고 노력했다면, 전입신고를 해야 도움을 받을 수 있다는 걸 알고 제대로 대처했다면, 많은 문제가 해결되지 않았을까? 이 안타까운 상황의 1차 원인은 물론 촘촘하지 못한 사회 안전망에 있다. 그러나 세 모녀가 가난을 해결하기 위해 적극적이고 능동적으로 노력해야 하지 않았을까?

가난과 품성에 대한 논의도 비슷한 맥락의 질문을 떠올리게 한다. 가난은 정말 그들의 게으른 품성, 소극적 해결 의지에 기초해 만들어지는 걸까? 천박하고 촌스럽고 무기력하고 빈약한 정신문화를 가진 건, 빈자의 천형天刑과도 같은 것일까?

이 질문에 새로운 답을 제시한 인물이 있다. 하버드대학교 경제학과 교수인 센딜 멀레이너선은 《결핍의 경제학》에서 결핍이 하나의 연쇄적인 덫을 만들어, 빈곤에서 빠져나오지 못하게 만든다는 결핍의 덫이란 이론을 제시한다.

센딜은 일종의 실험을 했다. 방금 전 물건을 구매한 사람에게 달려가 질문한다. 어떤 상품을 얼마에 샀는지. 그러면 대체로 가난한 사람이 훨씬 더 정확한 숫자를 댄다. 이유는 간단하다. 저소득층은 부유층에 비해 물건을 사면 대신 내가 원하는 어떤 물건을 못 사게 될지 자주 생각해야 하기 때문이다. 빈곤으로 인한 결핍 상태에서 빈곤층은 무의식적으로 상황을 끊임없이 판단해야 한다. 의식적으로 지우기 어려운 계산기가 머릿속에 존재하는 셈이다.

눈앞의 문제를 해결하기 위해 하나에만 집중하고, 이 때문에 다른 것에 마음의 여유를 둘 수 없는 상황에서 사람들은 터널에 갇힌 듯 넓은 시야를 갖추기 어렵다. 이러한 현상을 터널 비전tunnel vision이라 한다. 마감을 앞둔 작가나 극도의 외로움에 빠진 사람도 터널 비전에 갇히기 쉽지만, 가난한 이들이 대표적으로 이 덫에 걸리는 사례다.

경제적 결핍은 삶의 재량권과 사고의 유연성을 박탈한다. 부족한 돈을 어떻게든 쪼개어 지내려면 머릿속으로 집세나 대출금, 연체된 청구서, 다가오는 결제일 등을 끊임없이 따져야 하기 때문이다. 계산기 외의 다른 것을 살펴보기 어려워진다. 이웃에게 미소를 보여주고 인사를 하거나 친절해지거나 예의를 차릴 여유도 사라진다.

가난한 이들이 앞을 보지 못하고 충동적일 수밖에 없는 이유도 같은 맥락에서 살펴볼 수 있다. 미국 작가 린다 티라도는 그의 삶을 다룬 저서 《핸드 투 마우스》를 통해 부자 나라인 미국에서 하루 벌어 하루 먹고사는 빈민 여성의 삶을 보여준다. 가난한 이들은 건강하기 어렵다. 생존을 위한 일에 일상이 모두 소진되므로 자신만의 시간을 가지는 건 어려운 일이다. 고된 노동으로 몸 여기저기가 아픈데 잠이나 샤워에까지 시간을 쏟아야 한다면 오븐에 들러붙은 기름 찌꺼기를 닦는 일은 해야 할 일 목록에 올릴 수조차 없다. 건강한 음식은커녕 끼니를 챙기는 것도 녹록지 않다. 건설적으로 자신의 삶을 꾸리고 보살필 여유도, 헬스클럽에 가입할 여유도, 미래를 위한 투자나 절약도 쉽지 않은 일이다. 이 같은 결과로 가난하면 오히려 소진 상태가 이어져 잠시의 쾌락을 위해 돈을 탕진하기 쉬워진다.

결핍의 덫과 《핸드 투 마우스》 속 내용을 살펴보면 가난이 마음의 재량권을 박탈한다는 사실을 알 수 있다. 예의와 미소, 깔끔하고 계획적인 일상은 최소한의 여유를 갖춰야 누릴 수 있는 것에 가까울지 모른다.

가난한 삶에도 다채로운 서사가 있다 ———

가난의 모든 이유를 사회구조 탓으로 돌릴 수는 없다. 일종의 피해의식, 변명을 끄집어내는 건 그 누구에게도 도움이 되지 않기 때문이다. 오히려 가난한 이들의 현실 개선 의지를 꺾고, 사회 탓만 하게 만들 수 있다. 그러나 인터넷 세상 속 가난에 대한 혐오는 섣부르고 위험하다. '빈곤이라는 구조'와 '빈민층에 속한 사람'을 구별하지 못하게 만들기 때문이다. 사회구조를 도외시한 채 그 구조 속에 희생당한 사람을 비난하는 분위기를 만들기 쉽다.

2018년 노엄 촘스키는 저서 《불평등의 이유》에서 빈곤에 대한 시선을 지적한다. 빈곤의 구조에 편승한 세력인 가해자들이 피해자인 가난한 이들을 공격하면서도, 오히려 피해자들이 자신들을 공격했다고 고발하고 목소리를 낼 수 있는 것, 그 현실이 위선이라고. 우리가 지적하고 변화를 불러와야 할 것은 빈곤이라는 '구조'임에도 많은 이들이 가난한 이들의 게으름과 능력 부족으로 가난한 동네를 벗어나지 못하고 그곳을 슬럼화시킨다고 비난하는 오류를 저지른다는 것이다.

가난한 이들과 자신을 선 긋고, 타자화하고, 외부에서 관찰하며 그 특성을 범주화하기는 쉽다. 범주화하는 만큼 판단이 간편하고 편리해지기 때문이다. 그러나 인지적으로 편리함만 추구하다가는, 고루하고 위험한 결론에 치닫기 쉽다. 결국 가난한 이들의 빈곤이 대물림되는 이유를 '자업자득'이라는 네 글자로 결론 내기 쉬운 것이다.

세상에는 부자의 이야기도, 가난한 이들의 삶도 고정관념으로 전달하는 분위기가 있다. 물론 오래전부터 존재해 온 부자에 대한 정형화된 이미지가 있다. 졸부, 오렌지족, 부정한 방법으로 부를 쌓은 이미지 등. 그러나 부를 동경하는 분위기가 커지면서, 그리고 미디어가 부를 쌓은 이들의 다채로운 이야기를 전하면서 부정적 이미지와 고정관념은 점차 깨지고 있다.

무엇보다 부를 쌓은 이들은 자신의 서사를 펼쳐낼 충분한 기회를 가질 수 있다. 사람들이 부를 쌓은 경로와 비결, 성공한 이의 사고방식을 궁금해하기 때문이다. 콘텐츠의 시대에, 나의 서사를 펼쳐내고 내 삶의 맥락을 설명할 수 있다는 건 강력한 힘이 된다.

가난한 이들에게도 각기 다른 삶의 서사가 존재한다. 태어날 때부터 가난을 짊어지고 오랫동안 삶을 걸어온 누군가가 있고, 중산층의 삶을 살다가 가난의 삶으로 건너온 누군가도 있다. 그 과정에서 가난이 각각의 삶에 새긴 흔적, 품성, 감정은 모두 제각각이다. 안타깝게도 이 모든 서사는 게으름과 무지라는 두 단어로 축약되거나 납작하게 눌린 방식으로 전달되곤 한다. 가난한 이들의 목소리는 낮고 작게 전달되기 때문이다.

이야기가 정형화될수록 가난에 대한 부정적 이미지도 고정된다. 이 부정적 이미지는 사회에 존재하는 빈곤 문제를 개선하는 데에도, 개인의 삶을 좋아지게 만드는 데에도 큰 도움을 주지 못한다.

시간이 갈수록 가난한 이들에게 날아드는 시선이 차갑고 날카로워지고 있다. 하지만 잊어서는 안 된다. 양극화가 지속되는 사회에서 사회적 안전망이 촘촘하지 않다면 누구나 가난한 상황에 놓일 수 있고, 부정적 화살은 누구에게나 돌아올 수 있다. 가난한 이들을 향한 시선이 좀 더 두텁고 세심해져야 하는 이유다.

'가난하면
애 낳지 말라'는
조언

가난하면 애 낳지 말라. 인터넷 세계에서 발견한, 단호한 조언이다. 온라인 커뮤니티에 한 작성자가 당부하듯 명료하게 적어 내려간 조언. 개나 고양이를 키울 때조차 경제력이 중요한데, 아이가 다니고 싶은 학원에 보내주지 못하고, 갖고 싶은 장난감 하나 마음 편히 사 주지 못하며, 성인이 된 후엔 가난을 대물림하며 불행한 삶을 살게 할 바에는 차라리 출산을 지양하란 얘기였다. 여기에 덧붙인 문장도 있었다. **가난한 사람이 애를 낳으면 아동학대와 유사한 죄를 저지르는 것이다.**

이런 글을 마주할 때마다 복잡한 감정이 떠돈다. 단호한 말의 밑바닥에 숨은 감정이 자조임을 알고 있으니까. 무엇보다 나는 가난의 얼굴을 잘 알고 있는, 유경험자니까.

개인적인 성장 배경을 언급할 필요가 있다. 나는 가난한 집 출신의 아이다. 어린 시절에는 서울 구로구에 자리한, 부모가 운영하는 가게 뒷방에서 살았다. 가게 뒷방을 벗어난 후에도 고등학교 때까지 주로 월셋집을 전전했다.

유년 시절의 기억 중 잊히지 않는 장면이 있다. 아홉 살에 우리 집이 수해를 입은 사건이다. 초가을 9월에 사나운 비가 내렸고 집 근처의 안양천이 범람해 동네를 덮쳤다. 우리 자매는 홍수에도 불구하고 등교를 했다.—당시에는 등교가 중요한 삶의 미션일 때였다—우리가 학교에 간 사이 결국 범람한 물이 가게로 넘어 들어왔다. 엄마 아빠는 옥상에 대피했다가 보트를 타고 구조됐다.

수해의 현장이 끝난 뒤 가게에 가보니 교과서며 집의 가재도구는 흙탕물을 뒤집어쓰고 엉망이 되어있었다. 최악의 상황에도 불구하고 엄마는 안도의 한숨을 내쉬었다. 수재민을 위한 저금리의 특별 대출을 받을 수 있었기 때문이다. 수해가 나기 전부터 우리 가정의 경제적 상황은 좋지 않았고, 다행히 특별 대출 덕분에 급한 불을 끌 수 있었다.

이 모든 상황을 악조건이라고 부를 수도 있을 것이다. 그러나 꼬맹이 시절, 청소년 시절의 나는 우리 집의 가난에 커다란 유감을 품어본 적은 없었다. 일단 동네에 사는 사람들 사정이 고만고만해서 볼 수 있는 풍경이 비슷했다. 유복한 가정의 자녀들이 구체적으로 뭘 누리고 사는지 알지 못했다. 그저 모든 이들이 비슷한 수준의 생활을 누리고, 엇비슷한 삶을 이어간다 생각했다.

타고난 기질상 소유에 대한 욕구도 큰 편이 아니었다. 무엇보다 가난의 덕을 본 부분도 있었다. 홀로 있는 걸 좋아하는 성향이라, 맞벌이로 부모가 바쁜 만큼 자유를 누릴 수 있었다. 고등학교 때 담임선생님의 배려 덕에 학비 지원을 받았으나, 주변머리가 부족한 성격 탓에 그런 사실을 명확히 인지하지 못했다.—훗날 엄마의 설명을 듣고야 알았다—다행이라고도, 불행이라고도 할 수 있는 일이었다.

단 한 가지, 진로에 대해서는 약간의 아쉬움이 있다. 고등학교 3학년 수능 이후의 일이었다. 오늘날 같은 디지털 시대에는 낯선 풍경이지만, 당시에는 대형 서점에 가서 각 대학의 원서를 구매한 다음 직접 대학에 찾아가 응시 원서를 넣는 것이 일반적 과정이었다. 친구들과 어울려 대형 서점에 가서 친구들을 따라 서울에 있는 4년제 사립대 원서를 샀다. 당시 내 수능 성적은 전국 상위 3% 안팎이었다. 서울 중상위권 대학에 입학할 정도의 성적이었을 것이다.

집에 와 엄마에게 내가 산 대학 원서를 펼쳐 보여줬던 걸로 기억한다. 뜻밖에도 엄마의 얼굴이 미세하게 일그러졌다. 별다른 말을 하지는 않았으나, 엄마의 얼굴에 비친 건 공감이나 동의가 아니었다.

며칠 후 엄마는 뜻밖의 것을 사 왔다. 인근에 있는 교육대학교 원서였다. IMF 직후였기에 교육대학교의 경쟁률과 입학 성적이 최고로 높을 때였다. 그러나 당시만 해도 교육대학교에 입학만 하면 초등 교사가 되는 건 상대적으로 수월했다. 엄마는 이러한 이점을 충분히 짐작했을 것이다. "여자는 교사가 최고"라는 조언과 함께 교대 입학 원서를 건넸다.

처음엔 갸웃했다. 한 번도 내 인생에 관여한 적 없던 엄마였다. 그만 자고 공부 좀 하라거나, 만화책을 보다 늦잠을 자도 잔소리 한번 내뱉은 적이 없었다. 그토록 자식 일에 관여하지 않던 엄마가 권유를 했다면, 내가 짐작하기 어려운 타당한 이유가 있을 거라 생각했다. 고민은 됐다. 한 번도 생각해 본 적 없는 진로 설정이었기 때문이다.

결과적으로 나는 교육대학교에 진학하지는 않고, 엄마와 적절한 타협점을 찾았다. 교원 양성을 목적으로 한 국립 사범대학교에 진학했다. (사범대학교를 졸업하면 2급 정교사 자격증이 주어진다.) 휴학 없이 학교를 다녔고 4학년에는 임용시험 공부에 매진했다. 한 번에 시험에 붙어 취업해야 한다고 생각했다. 어느 누구도 강요하지 않았으나, 빨리 취업해 돈을 버는 것이 내게 주어진 미션임을 고등학생일 때부터 직감적으로 알고 있었다.

대학 입학이라는 장벽 ————

훗날 알게 된 사실인데, 교사에 대한 선호 외에 엄마가 교대 입학을 추천한 다른 이유가 있었다. 대학을 졸업할 즈음 엄마는 당시 집안 형편에 내가 무사히 대학 과정을 끝마칠 수 있었단 사실에 안도감을 표현했다. 그제야 깨달았다. 내가 그럭저럭 공부를 해서 4년제 대학을 졸업한 것이, 우리 집 형편에 큰 행운이었음을. 내가 다닌 국립대학은 등록금과 입학금이 국비로 지원되었기에 교육비가 저렴했다. 학교에 내야 할 돈은 기성회비가 거의 전부였는데 입학 당시 1년에 50만 원에 불과한 금액이었다. 기숙사에 의무 입사를 해야 하는 학교였는데, 기숙사비도 공짜였다. 수익자가 부담해야 할 비용이라곤 60만 원 정도의 식비가 전부였다.

돌이켜 보면 엄마의 추천과 권유는 현명했다. 다른 경우의 수를 택했을 경우 들어갔을 비용을 상상해 보면 더욱 그렇다.

기숙사가 딸린 지방 국립대가 아니라, 서울에 위치한 국립대나 사립대를 택했다면 어땠을지 상상해 본 적이 있다. 뒤늦게 당시 통계를 뒤적거려 보니 2001년 국립대와 사립대의 1년 등록금은 각각 243만 1,100원, 479만 7,100원이었다. 내가 학교에 냈던 비용에 비해 3~4배의 부담을 짊어져야 했을 것이다.

2001년은 조금 오래된 얘기니, 시간을 현재로 환원해 본다면 어떨까. 만약 내가 2024년 서울의 4년제 대학에 입학했다면? 아마 지출 비용은 눈덩이처럼 불어났을 것이다. 교육부와 한국대학교육협의회의 연구 결과에 따르면, 2024년 기준으로 대학생 1인이 학교에 다니며 연간 부담하는 등록금은 평균 682만 7,300원이다. 다른 생활물가가 치솟은 만큼 20년간 대학 등록금 역시 만만찮은 증가 곡선을 그렸다.

세월이 흐른 만큼 좋아진 부분도 있다. 2000년대 초반과 달리, 2024년에는 국가장학금이란 게 있다. 한국장학재단에서 경제적으로 어려운 학생들을 돕기 위해 가정의 소득 수준에 맞게 지급해 주는 장학금이다. 학생이 직접 장학금을 신청하면 소득 수준에 따라 대상자를 정한다. 기초수급자나 차상위 학생들은 학비 전액을 받을 수 있고, 소득 1~3분기 학생도 많은 부분을 지원받을 수 있다.

그러나 냉정히 따져보자. 대학을 다니기 위해 들어가는 돈은 학비로 한정할 수 없다. 추가 비용이 많다. 교재비, 학교까지 오갈 교통비, 식비가 든다. 여기에 본가가 학교에서 떨어져 있어 통학이 불가능할 경우 주거비도 마련해야 한다. 수도권에서 자취를 하며 서울 사립대를 다니는 대학생은 입학전형료, 등록금, 주거비, 생활비, 취업 준비 비용 등을 모두 합해 평균적으로 5년간(유예, 휴학 등의 기간을 포함하여) 총 9,740만 원 정도를 쓴다.

물론 내 경우 추가로 절감 가능한 비용이 있다. 경기도, 그것도 서울 근처에 본가가 있었기 때문이다. 자취하지 않고 통학은 가능했을 것이다. 주거비 2,178만 원을 아낄 수 있다. 엄청난 행운이다. 그러나 그 비용을 제하더라도 7,562만 원이 필요하다. 적지 않은 금액이다. 4년간 국가장학금을 받았다면 부담은 더 줄었겠지만, 교통비와 식비 등 생활비를 감당하며 다녔다면 빚을 지거나 4년 내내 아르바이트를 해야 했을 것이다.

물론 앞선 가정조차 운이 좋은 것일 수 있다. 국립대든, 사립대든 나는 운 좋게 사교육을 받지 않고 서울 중상위권 대학에 입학할 성적을 얻었기 때문이다. 어쩌면 2001년이어서 가능한 일이었을지 모른다. 당시는 금수저나 흙수저 담론이 본격적으로 문제가 된 시대가 아니었다. "개천에서 용 난다"는 믿음이 아직 존재할 때였다.

'개천에서 용' 신화의 붕괴 ———

이 '개천 용' 신화가 사람들의 희망과 노력을 이끌어내던 시기가 있었다. 가난한 집 아이든, 부잣집 아이든 대한민국에서 자라나는 아이들은 어릴 때부터 '공부 열심히 하면 좋은 대학에 입학해 잘살 수 있다'는 일관된 성공 법칙을 들었다. 공교육만 받아도 충실히 공부해 우수한 학업 성적을 거두고 대학 입시에 성공하면, 전문직이나 대기업 취업 등 고소득 직종을 얻을 수 있다는 것이 한때 대한민국을 지배하던 논리였다. 열심히 노력하면 사회경제적 지위 변화가 가능하다는 믿음이 저변에 깔려있었다.

지금도 그러한 믿음은 지속되고 있다. 그러나 갈수록 교육의 사다리 효과는 사라지고 있는 게 명백한 사실이다. 소위 SKY라 불리는 서울대와 연세대, 고려대에 입학하는 사람들의 비율만 살펴봐도 체감이 가능하다. 2017년에서 2021년 사이 서울대·고려대·연세대, 소위 서울의 명문대 신입생 중 월 소득이 1,400만 원 이상인 고소득층 비율이 눈에 띄게 늘어났다. 2021년 서울대 장학금 신청자 2,037명 가운데 고소득층 비율은 1,130명으로 55.5%에 달해 전체 신입생의 절반이 넘었다. 2017년 같은 조사에서 나타난 고소득층 자녀 비율이 39.6%였던 것과 비교해보면 크게 늘어난 숫자다. 연세대와 고려대의 상황도 다르지 않다. 반면 서울대 입학생 중 기초생활수급 및 차상위 계층의 비율은 2017년 103명(6.8%)에서 2021년 99명(4.8%)으로, 월 소득 240만 원 이하 학생도 223명(14.7%)에서 138명(6.7%)으로 눈에 띄게 줄었다.

반론을 제기하는 이들도 있다. 이들은 이러한 통계 결과가 반드시 부모의 사회경제적 지위에서 비롯된 건지 의문을 제기한다. 또 다른 질문도 이어진다. 유전자도 중요한 변수 아닐까? 부모의 소득이 높은 경우 좋은 DNA를 물려받아 우수한 성적을 거두고, 그 덕분에 상위권 대학 진학도 가능한 것이 아닐까?

물론 학생의 타고난 우수성이나 잠재력은 무시할 수 없는 변수다. 그러나 조사에 따르면 학생 잠재력(중학교 1학년 수학성취도 점수)이 같아도, 집안의 소득이 높은 학생이 낮은 그룹의 학생보다 상위권대 진학률이 더 높았다. 상위권대 진학률 격차 중 약 25%는 학생이 가진 잠재력으로 설명할 수 있지만 나머지 75%는 부모의 경제력 효과인 걸로 드러났다.

부모의 소득이 높을수록 사교육비에 더 많은 돈을 쓸 수 있고, 이 사교육비 지출이 다시 상위권대 입학에 영향을 주고, 부모의 경제력이 자녀의 경제력으로 이어지는 사회, 우리 사회가 세습 자본주의 사회로 접어들었음을 보여주는 결과다. 부모로부터 자산과 소득을 물려받은 청년과 그렇지 못한 청년은 출발선 자체가 다를 수밖에 없다는 인식은 곧 사회에 대한 좌절로 이어진다.

입시 경쟁이 끝이 아니다 ———

출발선의 불리함을 극복하고, 입시 경쟁에 성공한 학생들도 있다. 국가에서 저소득층 자녀를 위해 마련한 전형의 혜택을 받는 학생도 있다. 특히 2024학년도 대학 입시부터 수도권 대학들은 장애인·저소득층 등 사회적 배려 대상자가 대상인 기회 균형 전형으로 모집인원의 10% 이상을 선발하는 게 원칙이다. 서울대나 연세대, 고려대, 그리고 서울의 중상위권 대학에도 저소득층이나 차상위 계층 학생들이 진학할 기회가 있다.

그렇다면 대학 진학에 성공한 후 저소득 가정의 대학생들은 어려움 없이 학교생활에 집중할 수 있을까. 저소득층 대학생들의 생활에 대한 적응을 연구한 바에 따르면 이 연구에 응답한 7명의 대학생들은 입시에 성공했으나 생활하면서 높고 투명한 장벽을 느끼고 있었다.

일단 이들은 바쁘다. 소득 활동을 통해 생활비를 마련해야 하기 때문이다. 대부분의 저소득층 대학생들은 근로 장학과 과외, 아르바이트 등의 소득 활동에 종사해야 했다. 부모의 지원으로 소득 활동에 많은 시간을 투여하지 않아도 되는 중산층 학생들과 달리 저소득층 학생들은 대학생활을 지속하기 위해 시간과 금전을 교환해야 한다.

심리적 어려움도 존재했다. '저소득층'이라는 사회경제적 배경으로 이질감을 느끼는 학생이 많았다. 참여자들은 소비 수준·문화생활·자기계발·취업 준비 등 일상생활의 수많은 측면에서 주류의 중산층 학생들과 격차를 느꼈다.

자기계발이나 진로 찾기 면에서도 어려움을 겪었다. 교환학생, 인턴, 공모전 준비, 취업을 위한 스펙 쌓기 등 모든 것이 시간과 돈을 필요로 한다. 부모로부터 생활비 지원을 받아 차곡차곡 스펙을 쌓을 수 있는 다른 학생들과 달리 저소득층 학생들은 아르바이트에 매진해야 하는 경우가 많았다.

심적 여유도 충분하지 않았다. 내 젊은 시절이 그랬듯 저소득층 자녀들은 빨리 취업을 해서 소득을 확보하는 데 비중을 두기 쉽다. 뿐만 아니라 인적 네트워크가 부족해 구체적인 직업 세계에 대한 이해와 계획 없이 막연하고 추상적인 수준에서 진학 포부를 형성하는 모습을 보였다. 반면 사회경제적 배경이 여유로운 학생은 취업 대신 대학원에 진학하거나 스펙을 더 쌓는 등 더 나은 일자리를 찾아갈 여유가 충분했다.

공부를 잘해서 좋은 대학에 입학하면 현실 대다수의 문제들이 해결될 것처럼 세상은 얘기한다. 그러나 가난을 이고 있는 젊은이에게 늘 옳은 얘기는 아니다. 계층의 사다리를 올라탄 듯 보이는 이들도 그 안에서 이질감과 비주류라는 인식을 느끼는 경우가 많았다. 사회경제적 계층의 미묘한 선은 같은 대학 안에서도 존재했다.

자조와 섣부른 조언을 넘어 ———

개인의 노력 부족이 아니라 시스템이 만들어내는 불평등이 만연한 세상에, 가난하면 애 낳지 말라는 말은 얼핏 설득력 있는 조언으로 다가온다. 겹겹이 쌓인 어려움 속에서 노력해도 성공하기 어렵다는 인식이 청년층 사이에서 널리 퍼졌기 때문이다. 이 인식은 **이번 생은 망했다**는 자조로 이어진다. 그리고 이 자조는 자신과 비슷한 처지의 타인에게 건네는 **가난하면 애 낳지 말라**는 조언으로 뻗어간다.

그러나 이러한 조언에도 위험한 논리가 내포되어 있다. 아이를 낳지 않고 계층 대물림, 빈곤 대물림을 멋지게 끝내자는 권유는 단순한 조언으로 끝나지 않으니까. 상대에게 조언을 하려는 발화자의 애초 의도와는 달리 자조의 화살 끝이 향한 것은 빈곤을 만드는 구조가 아니라, 빈곤한 사람의 행동 개조다.

가난의 다양한 원인 중 사회구조가 자리하고 있다는 건 모두가 다 아는 사실이다. 그럼에도 불평등을 양산하는 구조에 화내는 건 너무 거대하고 힘들다. 그래서 우리는 구조 대신에 그 구조에 속한 누군가에게 조언하고, 자조의 말을 건넨다. 자조의 말은 어느새 '가난한데도 애를 낳는 사람들'의 어리석음을 탓하는 말과 필요 이상의 조언, 새로운 방식의 분노로 확산된다. 가난한 이들에게 '출산 포기'를 권유하는 쪽으로. 불행을 대물림하지 말라는 이야기로. 김수영 시인의 〈어느 날 왕궁을 나오면서〉 시 속 화자처럼 "왕궁이나 왕궁의 음탕 대신에 50원짜리 갈비에 화내는" 격이다.

문제는 이 자조와 울분의 화살이 종국에는 '가난한 사람'에게 향한다는 것이다. '가난한데 애를 왜 많이 낳느냐'라든가, 타인의 행복이나 욕구의 커트라인을 아무렇지 않게 정하고 조언을 날리는 건 이제 놀라운 일이 아니다. 아이를 낳는 개인의 자유까지도 아무렇지 않게 침범하는 일이 정당화된다.

가난한 나의 삶을 자조하거나 세상 탓을 하거나 부모 탓을 하는 것까지는 개인의 자유 영역이다. 가난한 집에 태어난 아이들의 입장을 걱정하고 도움을 주려는 움직임 역시 각자의 선택 영역이다. 그러나 자신의 불행이나 자신이 목격한 타인의 불행을 투영하며 공공연히 타인의 삶에 침범하는 글을 남기는 건 또 다른 차원의 문제 아닐까.

이따금 '넉넉하지 못한 삶이지만 그래도 만족한다'는 글이 인터넷에 올라올 때가 있다. 저임금 소득이어도 주관적 행복을 느낀다는 이들의 글에 '정신 승리'라거나 '솔직하지 못한 글'이라는 날 선 비난이 쏟아지기도 한다. 그러나 비슷한 처지에 놓인 이들이 모두 동일한 불행과 결핍을 떠안고 지낼 것이라 짐작하는 것, 나와 다른 생각을 꺼낸다고 비난하는 것, 그 역시 또 다른 방향의 폭력 아닐까.

물론 가난은 결핍을 불러올 수 있고, 누군가는 그 안에서 불행할 수 있다. 다만 모두에게 동의어는 아니다. 자조의 말을 꺼낼 수는 있으나, 그 말의 과녁이 어디로 향하는지 명확히 볼 때다. 타인의 삶에 섣불리 관여할 권리는 그 누구에게도 없다.

빈자貧者의
롱패딩과
돈가스

2017년 한 커뮤니티에 흥미로운 글이 올라왔다. 30대 한 남성이 자신의 경험을 토로한 글이었다. 글쓴이는 한 복지재단을 통해 4년째 열한 살짜리 아동에게 매달 3~5만 원씩 후원을 지속해 온 이였다. 크리스마스를 맞아 후원하는 아동에게 당시 유행하던 롱패딩을 보내주려고 했던 게 일의 시작이었다.

　재단에서는 아동의 신상 보호 때문에 후원자가 직접 연락을 하지 못하게 한다. 이 때문에 아이는 재단을 통해 특정 브랜드의 140 사이즈 롱패딩을 가지고 싶다는 뜻을 전달했다. 당시 유명 아이돌 그룹이 광고한 제품으로 정가가 21만 원인 상품이었다.

　남성은 아이의 요청에 의문을 품었다. 자신이 먼저 제안한 롱패딩 선물이었지만, 애당초 본인이 염두에 뒀던 것은 10만 원 안팎의 상품이었다. 다음 날 그는 재단에 후원 중단을 요청했다.

아이의 과한 요구에 기분이 상했기 때문이었다. 이후 남성은 아동의 가정 형편이 어려운 게 맞는지 의문을 품게 됐다. 후원하는 아동이 피아노를 배우는 걸 보고는 형편이 어렵지 않다고 생각했다는 것이다. 아동이 자신을 '물주'로 보고 있는 것 같다는 고민도 같이 남겼다.

각양각색의 댓글이 달렸다. 개중에는 후원을 받는 빈곤 아동이 20만 원짜리 롱패딩을 원하는 것이 말도 되지 않는다는 의견도 있었다. 글이 화제가 되면서 아이의 실명이 인터넷에 오르기도 했다. 이후 해당 후원 재단이 해명의 글을 올렸다. '요즘 유행하는 롱패딩'을 선물해 주겠다는 의사를 먼저 후원자가 전했고, 이를 전달받은 아동의 어머니는 아동에게 의사를 확인, 아동은 주위 친구들에게 요즘 유행하는 패딩 브랜드를 물어보고 금액의 제한을 두지 않고 특정 브랜드의 제품을 골랐다는 것이었다. 후원 아동이 정부의 교육복지 지원 대상자여서 정부 지원으로 피아노를 배우고 있다는 사실도 밝혔다.

비슷한 맥락의 다른 이야기도 전해진다. 2018년 한 온라인 게시판에 전해진 사연이다. 어느 날 교육봉사센터에 한 시민의 항의가 들어왔다. 그는 돈가스 식당에서 식사를 하던 중 동네의 기초생활수급 대상 어린이가 와서 밥 먹는 광경을 봤다. 가격대가 낮지 않은 유명 체인점이었는데, 누나와 둘이 와서 한 사람당

한 메뉴씩을 시켜 먹는 것을 보고 기분이 불쾌해 항의 전화를
했다는 것이다.

결국 오가는 논란 끝에 해당 음식점의 점주가 후일담을 전
했다. 가진 식권으로는 가격이 부족했지만 아이들이 예뻐서 점
주가 공짜로 밥을 먹인 것이었다. 작은 오해에서 비롯된 일이었
으나, 씁쓸한 뒷맛을 남긴 일화였다. 많은 이들이 생각하는 '가
난'의 이미지가 무엇인지 뾰족하게 보여준 일이었기 때문이다.

빈곤 포르노의 민낯 ———

낡고 허물어져 가는 집, 어두운 표정과 무기력한 기색을 보
이는 사람들, 방세나 전기 요금도 지불하기 어려운 환경, 기부 프
로그램에 종종 등장하는 가난의 이미지다. 해외의 기아를 다룬
다큐멘터리나 광고도 비슷한 분위기다. 가난한 이들의 고통과
배고픔을 다룬다. 개발도상국 어린이의 앙상한 몸이나 메마른
얼굴에 파리 떼가 붙어있는 모습. 힘없이 누워있는 자세나 치료
가 필요한 신체 부위를 영상으로 노출하는 식이다.

이처럼 가난하고 힘없는 이들, 굶주리는 아이들의 사진이나
영상을 보여주면서 동정심을 끌어내 후원에 참여하게 하는 기

법을 빈곤 포르노poverty pornography라 한다. 가련한 이미지, 무표정한 가난의 표정은 물질적인 부족, 열악한 환경을 드러내는 데 주력한다. 빈곤 포르노는 주로 국내외의 구호단체가 모금과 후원을 이끌어내기 위해, 또는 홍보 효과를 높이기 위해 활용한다. 특히 국제구호단체가 개발도상국 빈민 지원에 필요한 후원금을 모금하려고 이들의 상황을 극단적으로 드러내 시청자에게 동정심을 유발하는 경우가 많다.

빈곤의 고정된 이미지는 영상이나 사진에만 박제되는 것이 아니다. 때로는 거대한 '체험 프로그램'이나 '구경거리'가 된다. 2015년 인천 동구청에서는 쪽방촌 '괭이부리마을'을 활용한 체험관을 만들겠다고 계획했다가 비판을 받았다. 복지제도 개선에 도움이 되지 않는데다 가난을 상품화한다는 지적이었다. 2017년 서울 중구에서는 남자 대학생 12명을 대상으로 2박 3일간 남대문로 5가 일대 쪽방 체험을 계획했다. 빈곤층이 머무는 쪽방에서 숙식 체험 및 폭염 대비 순찰을 하고 후원물품을 나눠주며 말벗 봉사활동 등을 통해 쪽방 주민들의 어려움과 고충을 경험해 보는 프로그램이었다. 2박 3일간 체험을 마치면 봉사활동확인서를 발급해 준다는 안내도 이어졌다. 체험의 취지는 그럴듯했으나 결국 이 프로그램은 대상이 되는 쪽방촌 주민의 의견이나 양해를 구하지 않았다는 항변을 받고 취소되었다.

빈곤 포르노 속 빈자貧者는 어떤 존재로 각인될까. 카메라에 담긴 그들은 다채로운 삶의 형태나 긍정적인 측면, 다양한 욕망을 가진 존재가 아니다. 고통에 직면한 모습, 동정심을 불러일으키는 유순한 존재, 납작한 삶의 단면을 가진 이들이다. 가난한 아이들의 고통스러운 모습을 카메라가 훑으며 후원자들의 동정심을 자극하는 것이 최대한의 관심사가 되는 건 물론이다.

누군가는 빈곤 포르노에는 명백한 목적이 있고, 그것이 선의에서 비롯된 경우가 더 많다며 반론을 제기한다. 뿐만 아니라 역지사지를 통해 가난한 이들의 사정을 체험해 보는 것도 좋은 취지의 일 아니냐며 반문한다. 물론 어떤 동영상이나 사진이 빈곤 포르노냐 아니냐에 대한 격렬한 논쟁은 있다. 사회적 약자의 처지를 기록하고 남기며 목적을 전한다고 해서 모두가 빈곤 포르노라고 보기 어렵기 때문이다. 근본적으로는 기록으로 남기는 이의 의도와 태도가 가장 중요하기에 빈곤 포르노를 한마디로 단정 짓기는 어렵다.

논쟁을 줄이기 위해 국제개발협력민간협의회KCOC에서는 '아동 권리 보호를 위한 미디어 가이드라인'을 제시했다. 이 지침에 따르면 아동이 빈곤이나 기아의 상징으로 표현되지 않도록 주의하며, 절박한 위기 상황보다 해결책을 강조할 것을 당부한다. 굶주리고 병든 아동의 이미지를 이용해 동정심을 불러일으키는 방식을 탈피할 것을 권유하기도 했다.

지침을 살펴보면 빈곤 포르노가 불러오는 역효과가 무엇인지 짐작할 수 있다. 모금을 위해 가난한 이들의 상황을 현상과 극심한 악조건으로만 다루다 보면, 빈곤한 이들의 삶은 '원조에 의지해야 하는 삶'으로 고정된다. '부족하고 얌전하며 수동적으로 보여야 한다'는 고정관념이 확산한다. 이런 과정을 통해 가난한 사람은 '불쌍한 사람'으로, '자본주의 사회의 약자'로, '안타깝고 도와주어야 할 사람'이 된다.

빈곤 포르노로 굳어진 가난에 대한 얄팍한 틀은 사회적 통념에 그치지 않고 고정관념과 편견을 만든다. 이는 빈자에 대한 납작하고 단선적인 시선으로 이어진다. 이러한 시선이 당연한 것이 될수록 사람들은 가난의 다채롭고 복잡한 삶의 맥락을 잊는다. 협소한 이해 위에서 이루어지는 기부 역시 한계를 갖는다. 단순히 물질적인 지원에만 집중하고, 근본적인 문제 해결에는 관심을 기울이지 않게 되는 것이다.

가난한 이들이 생존 욕구 이상의 욕망을 품으면 이를 강하게 비난한다. 특히 한국처럼 1대 1 교환 중심의 자본주의 논리가 굳센 나라에서는 가난한 이들에 대해 **내가 낸 세금으로 도움받는 사람들**이란 말이 손쉽게 등장한다. 수동적인 이미지에서 벗어나 가난한 이들이 무언가를 누리는 모습을 보면 **과욕을 부리**

는 **사람** 내지는 **얌전하게 있어야 하는데 권리 주장을 과하게 하는 사람**이라는 비판이 뒤따르기도 한다. 불쌍하고 수동적인 틀에서 벗어나거나 그 이상의 행복을 원하면 탐욕스럽다는 꼬리표가 붙는다.

빈곤 포르노는 빈곤에 속하지 않는 '우리'와 '그들'을 가르는 편리한 도구로 이용되기도 한다. 일종의 선 긋기가 이루어지는 것이다. 여기에서 감정과 생각을 가진 타인의 삶도 지워진다. 다양하고 구체적인 삶의 맥락을 짚어내기 어려워진다. 다른 차원에서 가난의 경계를 긋는 것이다.

지하철 냄새와 삶의 주체 ———

그 누구에게도 타인의 행복을 마음대로 재단할 권리는 없다. 또 가난을 짊어지고 간다고 해서 행복의 상한선을 누군가에게 허락받을 필요도 없다.

영화 〈기생충〉으로 돌아가 보자. 영화에서 많은 이들이 공감한 건 '가난의 냄새'다. 영화 속에서 박사장은 '선'을 넘지 않고 적절히 처신하는 피고용인 기택의 태도에 안심한다. 그러나 차에서 풍겨오는 기택의 냄새에는 불쾌감을 표시한다. 이 '반지하

냄새' 같기도 하고 '행주 삶을 때 나는 것 같은 냄새' 이야기가 영화에서 지속적으로 등장한다. 큰비로 물난리를 겪은 뒤, 별수 없이 출근한 운전기사 기택은 함께 차를 타고 가던 부잣집 사모님 연교가 코를 킁킁대며 창문을 열자 자신의 옷 냄새를 맡아본다. 영화 막바지에 벌어진 사건의 트리거가 되는 것 역시 이 냄새다. 빈부貧富가 만나는 이 작품에서 냄새는 부자인 박사장네와 가난한 기택네의 계급을 가르는 지표다.

영화는 냄새를 통해 예상치 못한 구석에서 관객의 고정관념을 헤집는다. 박사장이 기택 가족의 냄새를 묘사하는 부분에서다. 그는 기택의 냄새를 '지하철에서 나는 냄새'라고 묘사한다.

박사장의 한마디 말에 관객의 머릿속은 혼란스러워진다. 지하철은 저소득층이나 차상위계층만 활용하는 교통수단이 아닌, 누구나 이용 가능한 대중적인 교통수단이니까. 서울시에 위치한 지하철역에서만 하루 약 440만 명이 지하철에 탑승한다. (서울시에 주민등록을 둔 인구가 950만 명인 점을 고려하면, 매일 지하철을 이용하는 사람들의 규모를 짐작할 수 있다.)

그래서 '지하철 냄새'란 말은 관객에게 묘한 감정을 불러일으킨다. 〈기생충〉을 보면서 관객들은 기택과 충숙이 일군 가정, 반지하에 사는 그 집에 빈곤이라는 이름을 덧씌운 채 멀찍이서 바라볼 수 있었다. 그러나 지하철 냄새라는 말을 듣는 순간 나는 기생충이 아니라는 말을 더 이상 쉽게 하기 어려워진다.

영화에서 계급을 가르는 지표로 냄새를 선택한 이유가 이것에 있을지도 모른다. 냄새는 경계를 명료하게 그을 수 있는 것이 아니다. 공간을 명확하게 분리할 수 있는 벽도 아니다. 어떠한 삶의 공간이든 침범하며 오고 갈 수 있는 일종의 흐름이다. 이후 기택 가족과 박사장 사이에 벌어지는 사건을 어느 한쪽의 과욕이나 다른 쪽의 오만의 결과로 단정 짓기 어려워지는 건 이 때문이다.

같은 맥락에서 가난을 좀 더 복잡하고 규정짓기 어려운 방향으로 다룰 필요가 있다. 무기력한 수혜자로 다룰수록 빈곤한 이들은 판단하기 쉬운 존재가 된다. 나와 다른 차원에 존재하는, 긍휼히 여겨야 하는 누군가로. 그러나 함께 살아가는 사회의 구성원으로 인정하기는 어려워진다. 삶의 희망과 절망, 가능성과 한계 속에서 분투하는 능동적 주체로 묘사하는 방식을 고민해야 할 때 아닐까.

PART 5.

권리

왜 바깥에 나가
돌아다니느냐는
말

벌써 20년쯤 된 일이다. 20대 중반, 사회초년생 때 라식 수술 검사를 받으러 갔다. 검사를 위해 시력 검사, 안압 검사, 각막 두께 검사, 각막 지형도 검사 등 다채로운 검사를 거쳤다. 무사 통과하고 마지막 순서에 이르렀다. 육안으로 직접 확인하는 검사였다. 내 눈을 한참 들여다보던 의사가 말했다. "눈에 종양이 있을 수 있어요. 큰 병원 가서 검사 받아보세요."

처음에는 꿈인가, 드라마 속 한 장면의 재연인가 싶었다. 멍한 표정으로 진료실 문을 나서는 순간 간호사의 안쓰러워하는 표정을 보고 그제야 꿈이 아님을 알아챘다. 상담 창구에서 종이 한 장을 건넸다. 소견서였다. 종이에 정확히 무슨 말이 쓰여있었는지는 기억나지 않는다. 안구 종양이 의심된다는 내용이었던 걸로 기억한다.

종이 한 장의 무게를 느끼며 밖으로 나왔다. 어떤 경로로 집에 갔는지 정확히 기억나지 않는다. 집에 와서 '안구 종양'에 대해 검색했던 기억은 난다. 인터넷 세계엔 상세한 이야기가 적혀 있었다. 만약 악성 종양일 경우 수술로 안구를 적출해야 할 수도 있다고 했다. 최근에는 안구와 그 주변에 방사선을 정확히 쏘아 암세포를 죽이는 방법이 도입되었다고 하지만, 내가 병원에서 소견서를 받아들었던 때는 20년 전의 일이었다.

특히 '안구 적출'이라는 단어가 일으키는 마음의 파동이 있었다. 마음속 비관의 빛이 더욱 짙어졌다. 머릿속에는 '나에게 어째서 이런 일'이란 말이 도돌이표처럼 떠돌았다.

눈물의 밤을 지새우고 대학병원을 찾았다. 붐비는 날이었다. 그곳에서도 나는 특별대우를 받았다. 레지던트가 소견서와 내 눈을 자세히 번갈아 보더니 가장 빠른 날짜로 예약을 잡아준 것이다. 이 특별대우가 무조건 달가운 건 아니었지만 한편으로는 감사한 일이었다.

파란만장한 주말을 보내고 월요일에 병원에 들러 해당 분야의 최고 권위자라는 교수님을 마주했다. 세밀한 검안이 끝난 후, 교수님은 암이 아니라는 판정을 내렸다. 그러나 '언제든 종양으로 발전할 수 있으니 6개월에 한 번씩 정기적인 검사가 필요하다'는 진단이 뒤따랐다. 암은 아니란 판정에 안도했다. 그렇게 스물여섯의 에피소드는 소동으로 끝났다.

"나에게 어째서 이런 일이" ———

훗날, 당시 일을 제대로 곱씹을 수 있을 만큼 여유가 생겼을 때 생각해 봤다. 내가 읊조렸던 "나에게 어째서 이런 일이"라는 말을.

당시의 내가 '이런 일'이라고 생각한 것은 '안구 적출'이었다. 그때까지의 나는 내 한쪽 눈의 시력을 잃을 수 있단 상상을 단 한 번도 한 적이 없었다. 그 말은 결국 나는 평생 어떤 방식의 장애도 껴안고 살아갈 일이 없다는 자신만만함의 표현이었다.

그 자신만만함은 한편으로 오만함의 표현이기도 했다. 장애는 누군가가 선천적으로 타고난 것, 나와는 거리가 먼 것, 내 인생의 앞날에는 상상할 수 없는 것이었다. 실제 '장애'라는 단어를 들으면 선천적 장애를 떠올리는 이들이 많다. 태어날 때부터 눈이 보이지 않거나 유아기 때 소아마비에 걸려 불편한 다리를 끌게 된 누군가를 떠올린다. 나 역시 비장애인으로 태어났으므로 평생 그 경계 안에 머물 거라 생각했다.

나와 마찬가지로 '장애란 태어날 때부터 특별한 몇몇이 가지는 것'이란 생각을 가진 사람이 많다. 명백한 착각이다. 보건복지부가 발표한 장애인 실태조사에 의하면, 2023년 5월 말 기준 우리나라 264.7만 명의 장애인 중 선천적 장애인의 비율은

11.9%에 불과하다. 반면 후천적 질환이나 사고에 의해 장애를 갖게 된 이들은 전체의 88% 이상을 차지한다.

통계 결과를 보면 명확해진다. 누구나 살아가다 사고나 질병에 의해 장애를 가지고 살게 될 수 있다. 나 역시 마찬가지였다. 신의 엄청난 축복을 부여받은 인간이 아닌 이상 장애를 가질 확률이 0에 수렴하는 건 아니었다.

깨달음 이후 이따금 상상해 보았다. 만약 내 눈이 제 기능을 하지 못한다면 어떤 상황을 마주하게 될까. 주제 사라마구의 소설 《눈먼 자들의 도시》(한 도시에 갑자기 '실명'이라는 전염병이 번지며 벌어지는 상황을 그린 소설) 속 얘기처럼 갑작스럽게 눈이 보이지 않는다면 벌어질 상황을. 지인과 약속을 잡고 집에서 나서려면 대중교통을 이용해야 할 것이다. 눈이 보이지 않는 내가 버스 정류장에 가는 길을 명확하게 찾아낼 수 있을까? 폭이 좁고 울퉁불퉁하고 높은 길가의 턱을 무사통과할 수 있을까? 버스 정류장에 서있다면 몇 번 버스가 오는지 인지할 수 있을까? 정류장에 차례차례 오는 버스 중 내가 원하는 버스의 출입문 앞에 제대로 설 수 있을까? 다급하게 출발하는 버스에서 자리를 찾아 손쉽게 착석할 수 있을까? 버스 안내 방송을 듣고 버스 하차 문 앞에 서서 내리는 일이 쉬울까?

상상해 보니 도로와 버스 정류장, 버스 안, 모든 장소에 낯선 장벽이 자리하고 있었다.

지하철 환승, 지옥의 레이스 ———

서울의 건대입구역은 서울특별시 광진구의 번화가에 위치한 역이다. 7호선과 2호선이 만나는, 유동인구가 적지 않은 곳. 7호선 환승역이 으레 그러하듯 에스컬레이터를 한참 타고 이동해야 한다는 점이 조금 불편하지만, 걸어간다면 환승에 큰 불편이 없다. 그러나 휠체어를 타야 하는 장애인에게 이곳은 최악의 환승역이다.

만약 휠체어를 탄 장애인이 건대입구역의 7호선에서 내려 2호선으로 갈아타려면 지하 2층 승강장에서 지상으로 올라와야 한다. 지상의 도로로 휠체어를 움직여 횡단보도를 건넌 다음, 엘리베이터를 타고 다시 지상 3층 승강장으로 이동해야 한다. 지하철을 한 번 갈아타기 위해서 총 30분이 걸리는 기나긴 길을 걸어야 하는 것이다. 지옥의 레이스가 펼쳐진다고 해도 과언이 아니다.

서울시립대학교 도시과학대학원의 정예원 연구원은 〈교통약자 측면의 도시철도 환승역 환승보행 서비스 수준 평가방법

연구)라는 논문을 통해 서울교통공사에 속한 환승역 44개 역의 환승경로 58개를 분석했다. 그에 따르면 비장애인이 지하철 환승을 위해 걷는 평균 거리는 150m에 불과했다. 학생 시절 100m 달리기를 하던 레이스의 1.5배만 걸으면 충분히 닿을 수 있는 거리다. 반면 교통약자, 그러니까 장애인뿐 아니라 노인이나 임신부, 유모차를 끄는 영유아 동반자가 환승하기 위해 움직이는 평균 거리는 725m였다. 특히 교통약자의 대다수를 차지하는 장애인은 비장애인에 비해 약 4.8배 더 기나긴 길을 가야만 했다.

그나마 이 지옥의 레이스는 사정이 나은 편에 속한다. 지하철이나 전철이 자리한 곳에서나 가능한 일이기 때문이다. 지방 소도시의 경우 장애인이 이용할 수 있는 교통편은 더욱 열악하다. 지하철이 없는 곳에서 장애인들이 이용할 수 있는 대표적인 대중교통 수단은 저상버스다. 저상버스는 차체의 바닥이 낮고, 출입구 계단이 없으며, 휠체어 승강 장비와 교통약자용 좌석을 갖춘 버스다. 그래서 휠체어를 탄 장애인뿐만 아니라 노약자들도 쉽게 이용할 수 있다.

국토교통부에서 실시한 2021~23년 교통약자의 이동편의 실태조사에 따르면, 전국 시내버스 중 저상버스 도입률은 전체의 30.6%에 불과했다. 서울만 59.7%로 절반을 넘겼을 뿐 광역시는 20~40% 수준이었다. 인천, 울산 등은 10%대에 머물고 있다.

원래 제3차 교통약자 이동편의 증진 계획이 세워졌을 때 정책이 목표한 전국 저상버스 보급률은 42%였지만 안타깝게도 저상버스 도입률은 여전히 30%에 불과하다. 해외의 수치와 비교해 보면 처참한 수준이다. 미국의 저상버스 도입률은 97.5%, 영국은 99.3%, 일본도 89.1%에 이르렀다.(서울연구원, 2021) 광역시 고속버스의 경우 아예 저상버스의 운행을 멈췄다. 휠체어 탑승 장비를 장착한 고속버스가 시범 운행을 한 적은 있지만 탑승률이 저조했기 때문이다. 민간 버스회사들은 경제적으로 운영이 불가능하다는 이유로 이를 거부했다.

사실 대중교통이 없더라도 이동수단이 전혀 없는 건 아니다. 비장애인이 카카오택시나 우버택시를 이용하듯 장애인용 콜택시가 있기 때문이다. 장애인 콜택시는 중증 보행 장애인을 비롯한 교통약자를 돕기 위해 생긴 제도다. 시·도마다 정해진 등록 절차를 거친 후 이용 등록이 완료되면 앱, 인터넷, 전화, 문자 등으로 콜택시를 호출해 배차를 기다렸다가 이용할 수 있다.

얼핏 보기에는 어렵지 않은 제도로 보인다. 그런데 생각보다 모든 게 간단하지 않다. 2022년 조사에 따르면, 서울시에서 콜택시를 이용하는 장애인이 택시가 오는 데 기다리는 평균 대기 시간은 87분에서 90분이었다. 최소 16분이 걸리기도 하지만, 최대 241분이 걸리는 경우도 있었다. 비장애인이 이 정도의 시간 동안 콜택시를 기다렸다면(참고로 비장애인의 택시 대기 시간은 10분 정도다) 분통을 터트리며 다른 택시를 찾아보았을 것이다.

이동권보다 더, 개인의 내밀한 존엄과 관련된 권리도 있다. 오줌권이다. 화장실에 가서 오줌을 쌀 권리. 지체장애인인 김원영 변호사가 그의 저서 《실격당한 자들을 위한 변론》에서 꺼내든 말이다. 밥 먹을 수 있는 권리나 일할 수 있는 권리에 앞서는 게 오줌권이라는 것이다. 오줌은 급하다고 사람들 앞에서 눌 수 없고, 미리 눌 수도 없고, 조금씩 나눠 눌 수도 없다. 가장 기본적인 생리적 요구지만 장애인들에게는 집 밖을 나서자마자 해결 불가능한 일이 된다.

공중 화장실에서 변기에 걸터앉는 것, 자판기 버튼이나 엘리베이터의 벨을 손쉽게 누르는 것, 누구의 눈치도 보지 않고 버스 벨을 눌러서 하차하는 것, 음식점의 주문대에서 불편함 없이 점원과 이야기할 수 있는 것… 누군가에게는 당연한 일상이 누군가에게는 분투해도 누리기 어려운 권리였던 것이다.

갖가지 의문을 던지고 나니, 문득 대중교통을 이용할 때 장애인이 많이 보이지 않는다는 걸 실감했다. 새로운 종류의 장벽이었다. 평소에도 내가 발 딛고 선 세상이 쉽지 않은 곳이라 생각했으나 대다수 어떤 전제 조건을 갖춘, 고상한 상상에 불과했다. 출근을 위해 새벽녘에 길을 나서는 피로함, 만원 지하철이나 버스에서 느끼는 불편함, 깨끗하지 않은 공중 화장실에 대한 불만이 전부였다. 이 피로와 불편감은 나의 자유 의지로 어디든 다닐 수 있다는 전제 조건 위에 발 디딘 감정이었다. 그러나 어떤 세상에는 다른 차원의 불편이 자리 잡고 있었다.

"시민이 볼모"라는 말 ────

오전 7시 30분, 서울 혜화역 승강장에 한 무리의 휠체어를 탄 장애인들이 등장한다. 그들은 외친다. "장애인의 지하철 탑승을 도와달라." 이들이 휠체어를 이끈 채 지하철에 탑승할 수 있을까. 이들의 시위로 지하철 탑승 시간이 지체되자 일부 시민들이 분통을 터트린다. 경찰과 지하철 공사 직원들이 시위대를 둘러싸고 있다.

전국장애인차별철폐연대의 시위 현장이다. 시위 이름은 "출근길 지하철 탑니다". 열차에 탑승해 지나는 역마다 반복적으로 타고 내리는 방법으로 시위가 전개됐다. 이 과정에서 열차 운행이 지연됐고 열차가 4시간 이상 서있는 소동도 생겼다. 몇몇 시민들은 불만을 토했다. 시위 참가자들에게 왜 돌아다니느냐, 시민이 담보냐며 목소리를 높이고 욕설로 비난하는 이들도 있었다.

휠체어 시위의 시발점이 된 사건은 2001년에 일어났다. 설명절에 아들을 보러 가던 장애인 노부부가 오이도역 지하철 리프트를 이용하던 중 휠체어 리프트의 와이어가 끊어지며 추락했다. 노부부 중 1명은 숨지고 1명은 크게 다쳤다. 장애인들은 이때부터 비장애인이 이용하는 버스와 지하철을 막아서는 방식으로 목소리를 내기 시작했다.

시위에 대한 다양한 의견이 나왔다. 장애인 이동권 시위에 대해서는 응답자의 57%가 '공감한다'고 답했다. 장애인이 대중교통을 이용하는 데 어려움이 있다고 생각하냐는 질문에는 80% 가까이가 '그렇다'고 답변했다. 그러나 시위 방식에 대해서는 부정적인 의견이 나왔다. 전장연(전국장애인차별철폐연대)이 진행한 지하철 시위 방식에 대해서는 전체 응답자의 절반이 넘는 56%가 '이해할 수 없다'고 답했다.

실제 전장연의 시위 기사에 달리는 댓글 여론도 비슷하다. **타인에게 피해를 주는 방식, 시민을 볼모로 삼는 방식으로는 공감과 지지를 얻을 수 없다**는 의견이 많다. 직접적인 비판을 내비친 이들도 있었다. 2022년 이준석 전 국민의힘 당대표는 SNS에 "전장연은 최대 다수의 불행과 불편을 야기해야 본인들의 주장이 관철된다는 비문명적인 관점으로 불법 시위를 전개한다"는 의견을 밝혔다. 대체로 비장애인들은 장애인들이 대중교통을 이용하기 어렵다는 점에도, 이동권 시위의 취지에도 공감한다. 그러나 많은 이들이 되도록 얌전한 방식으로, 타인에게 피해를 주지 않는 방식으로 장애인이 권리를 얻기를 바란다.

길거리 시위, 19명의 갱단Gang of 19 ────

1978년 7월 5일 미국의 콜로라도주 덴버, 도심 지역인 콜팩스 애비뉴와 브로드웨이 사거리에서 기이한 풍경이 펼쳐졌다. 휠체어를 탄 장애인 19명이 버스를 막아선 채 길거리에서 밤을 지새웠다. 이 점거는 이틀간 이어졌다. 1975년 오하이오 출신 장로교 목사 웨이드 블랭크가 설립한 장애인 공동체 '애틀란티스'가 주도한 시위였다. 훗날 이들은 '19명의 갱단'이라는 별칭으로 불리게 된다.

이들이 요구하는 바는 명료했다. 당시 덴버에는 휠체어로 탑승할 수 있는 버스가 12대밖에 없었다. 시위대는 덴버 시내에 운행 중인 버스 3분의 1을 휠체어로 탑승 가능한 버스로 바꿔달라고 외쳤다. 당시 여론은 싸늘했다. 도로를 점거하고 교통 체증을 유발했기 때문이다. 관련 신문 기사에는 "장애인 시위로 교통마비"라는 헤드라인이 붙었다.

그러나 점거는 효과가 있었다. 덴버지역 교통지구RTD와 덴버시는 시위대와 회의를 열고 리프트 설치에 대해 논의할 의향이 있음을 이야기했다. 길고 지난한 과정이 있었으나, 결국 덴버교통 당국은 버스의 3분의 1을 휠체어로 접근할 수 있도록 해야한다는 요구에 동의했다. 미국에서 최초로 등장한 장애인 이동권 시위였다.

덴버 시위를 벌인 공동체 애틀란티스는 1983년 대중교통권을 원하는 미국 장애인 모임인 ADAPTAmerican Disabled for Attendant Programs Today로 발전한다. 이들은 덴버를 넘어 전국각 지역에서 시위를 벌였다. 버스를 막아서는 형태의 시위도 벌였고, 휠체어에서 일어나 버스 계단을 손과 팔을 이용해 기어오르는Crawl 형식의 시위도 진행했다.

각 지역에서의 시위가 끝난 후 ADAPT는 각 주州 사이의 교통수단이었던 그레이하운드 버스를 공략했다. 당시까지 그레이하운드는 휠체어를 탄 이용자들이 무료로 탈 수 있었지만 조건이 있었다. 도움을 주는 동반자가 반드시 존재해야 했고, 의사의 장애 증명서를 지참해야 했다. 이에 ADAPT는 그레이하운드 버스 정류장을 막아서며 시위를 벌였는데, 버스 운행이 30분에서 1시간 가까이 지연되자 시민들은 불만을 드러냈다. 당시 시위 참가자였던 줄리 패러는 하루 동안 불편을 끼쳐 죄송하나, 우리는 평생 불편을 겪고 있다고 말했다.

이후 ADAPT는 새로운 투쟁을 지속했다. 1990년 3월 12일, 1,000명이 넘는 장애인들이 백악관에서 미국 의사당으로 행진하며 의회에서 장애인 미국인법ADA을 통과시킬 것을 요구했다. 이들 중 약 60명이 휠체어와 기타 이동 보조기구를 버리고 의사당 계단을 기어올랐다. 당시에는 언론의 큰 주목을 받지 못했으나, 장애인 권리 역사에 있어 뜻깊은 사건이었다. 1990년 7월 5일, 학교, 교통, 그리고 일반 대중에게 개방된 공공 및 사적 장소를 포함한 많은 영역에서 장애인에 대한 차별을 금지하는 시민권법인 ADA가 제정되는 데 직접적 영향을 미쳤기 때문이다. ADA법 덕분에 학교나 공공기관 등을 지을 때 경사로, 엘리베이터, 넓은 문, 장애인 화장실 등의 시설을 의무적으로 설치해야 했다. 대중교통 탑승뿐 아니라 웹사이트와 디지털 플랫폼에서도 장애인을 위한 서비스를 제공해야 할 의무가 생겼다.

무엇보다 인식이 변화했다. ADA법 이전에도 장애인 보호 법안이 존재했지만 일종의 '자선과 시혜'를 위한 법안으로 여겨졌다. 그러나 이후에는 당연한 권리를 보호해야 하는 법안으로 바뀌었다.

미국뿐 아니라 인권 선진국이라 불리는 영국이나 핀란드 등에서도 장애인의 권리 보장은 당사자들의 '시끄럽고 요란한 방식의 투쟁'이 있어서 가능했다. 덴버 시위에서도 알 수 있지만 대부분의 장애인 이동권 시위 초기에는 여론이 싸늘했다. 선량한 다수의 발목을 잡고 교통 체증을 불러일으킨다며 많은 이들이 불만을 표했다. 거부감도 컸다.

지난한 투쟁의 세월을 겪으면서 시민의 주목을 이끌어냈고 이동권 선진국도 변화를 맞았다. 휠체어를 위한 경사로와 역사 내 엘리베이터, 휠체어 리프트가 설치된 저상버스는 대다수 국가에서 '시혜의 결과물'이 아니라 권리 투쟁의 산물이었다.

"호의가 계속되면 권리인 줄 안다"는 말 ———

다시 한국 이야기로 돌아가 보자. 전장연의 시위 댓글은 주로 시민을 볼모로 삼지 말라는 얘기로 점철되어 있다. **집에 가만히 있으면 되지 왜 돌아다니느냐, 약자인 듯 행세하며 권리를 남용한다**는 의견도 있다.

'선량한 다수에게 불편을 주고 있다.' 틀린 말은 아니다. 지하철로 출퇴근하거나 통학하는 이들은 1분 1초가 아쉽고 바쁘다. 시간에 맞춰 출근하고 등교하는 일상에 차질이 생기는 건 분명

큰일이다. 이동권 시위로 발목을 잡히는 일상이 답답할 수 있다. 그런데 평생 발목을 잡혀 일상을 누리지 못하는 이들도 있다.

사전적 의미의 이동권은 모든 대한민국 국민이 교통수단, 여객시설 및 도로를 차별 없이 안전하고 편리하게 이용하여 이동할 수 있는 권리를 말한다. 사전적 의미를 굳이 따지지 않더라도 이동권은 삶의 진로 및 궤적을 결정하는 데 큰 영향을 미친다. 한곳에서 다른 곳으로 움직일 수 있어야 교육을 받을 수 있고 새로운 기회를 얻는다. 물론 초등학교부터 고등학교까지는 비대면교육도 가능하고 도보로 통학 가능한 학교도 있을 테고 통학 서비스를 제공하는 학교도 있겠으나, 대학 이후의 삶은 또 다른 얘기다. 집에서 대학에 가는 것도 쉽지 않지만 간다 해도 캠퍼스 내 경사로나 엘리베이터 등이 설치되어 있는 곳이라야 한다. 아직 갈 길이 멀다. 이를 반영하듯 2020년 장애인 실태조사 기준으로 만 25~64세 사이 장애인의 최종학력은 중학교 이하가 31.1%였다. 반면 대학 이상의 학력을 가진 장애인 비중은 23.9%에 머물렀다. 대한민국 전체 국민 중 대졸 비율이 51%인 것에 비해 확연히 낮은 수치다.

장애인의 교육 수준은 취업률과 밀접한 관련이 있다. 교육 기회가 부족한 장애인은 취업 시장에서도 소외되며, 불안정한 고용 형태나 낮은 임금에 시달리는 경우가 많다. 교육 기회가 부족하니, 집에 머무는 생활이 계속되는 악순환으로 이어진다. 한국장애인고용공단의 '장애인 통계'에 따르면 지난해 15세 이상 장애인 고용률은 34.6%, 우리나라 전체 인구 고용률의 절반 수준이다.

장애인도 비장애인과 마찬가지로 친구를 만나고, 모임을 갖고, 일상생활을 누릴 권리가 있다. 그러나 '집에 가만히 있으면 된다'는 말에는 이동해서 갈 수 있는 장소, 그러니까 학교, 일자리를 누리는 과욕을 함부로 부리지 말라는 말이 내포되어 있다.

불편을 겪은 이들은 외친다. 왜 다수의 시민들을 볼모로 잡아 이런 일을 벌이냐고. 일상이 늦춰지지 않냐고. 그런데 생각을 조금 바꿔보면 깨닫는다. 시간에 맞춰 통학, 퇴근을 하는 것도 누군가에게는 특권이다. 다수에게 불편을 주지 말라며 차가운 시선을 내리꽂을 수 있는 것도 일종의 특권이다. 어디든 자유롭게 이동할 수 있는 것 역시 장애인에게는 특권이다.

'왜 바깥에 나가 돌아다니냐'고 자신 있게 말할 수 있는 건 우리가 비장애인 성인이 표준인 도시에 살고 있기 때문이다. 대한민국의 도시들은 공공기관과 교통수단이 모두 비장애인 중심으로 설계되어 있다. 인도는 좁고, 횡단보도와 인도 사이의 턱은 높다. 지하철을 타기 위해서는 계단을 한참 걸어 내려가야 하고, 교통약자 전용 엘리베이터는 늘 가득 차있다.

이런 상황에서 다수의 비장애인이 원하는 '얌전한 방식의 시위'로 변화가 쉽게 일어날까. 앞서 본 미국의 덴버 시위를 비롯해, 장애인 이동권을 확립한 선진국 대다수가 '시끄럽고 요란한 시위'로 세상의 주목을 이끌어내는 데서 시작되었다. 그렇게 장애인뿐만 아니라 비장애인의 관심이 모아진 후에야 이동권 선진국으로의 발걸음을 뗄 수 있었다.

비장애인이 이동권에 관심을 가져야 할 또 다른 이유가 있다. 우리 누구나 교통약자가 될 수 있기 때문이다. 일시적 사고로 목발을 짚게 되거나, 노인이 되는 순간 교통약자로 불편을 겪게 된다. 특히 고령화는 장애와 관련이 깊다. 2024년, 대한민국은 초고령 사회로 진입했다. 대한민국 등록 장애인 중 53.9%가 65세 이상의 노인 연령대에 해당한다. 노령이 되면 자연스럽게 시력이 약화되어 시각장애를 갖게 되거나 사고로 골절이 와서 목발이나 휠체어를 짚으며 살 수 있다. 그 누구도 평생 교통약자가 되지 않고 '건강한 성인'의 기준에 적합한 채로 살아갈 거라고 자신할 수 없다.

전장연의 시위 기사 댓글에 자주 등장하는 말이 있다. 바로 **호의가 계속되면 권리인 줄 안다**는 이야기다. 이 문장에 담긴 건 오만한 시선이다. 장애인을 권리의 주체가 아닌, 시혜의 대상으로 보는 시선.

비장애인이 숨 쉬듯 누리는 일상 속 권리, 이것이 단순히 비장애인을 위한 성역으로 남게 되면, 결국 누군가에게는 그 화살이 돌아온다. 장애인, 교통약자, 노인이 될 미래의 나와 가족을 위한 당연한 권리가 되어야 한다.

'고객이 왕'인
세상의
비밀

19세기 후반 리츠 칼튼 호텔 체인의 창업자였던 세자르 리츠는 호텔 업계의 거장이라 불린 인물이다. 거장답게 그는 자본주의 사회, 서비스 업계의 핵심이 될 말을 남겼다. "고객은 절대 잘못하는 경우가 없다le client n'a jamais tort." 우리가 아는 '고객은 왕이다'라는 말의 원조다.

리츠가 고객을 완전무결한 존재로 착각한 걸까? 고객에게 무조건 충성해야 한다는 잘못된 믿음을 굳게 간직했던 걸까? 그렇지는 않다. 리츠가 살던 시대의 호텔은 왕이나 귀족 등 상류층들이 이용하는 공간이었다. 손님이 왕이라는 얘기는 100% 틀린 말은 아니었던 셈이다.

그러나 호텔은 고귀한 왕이나 귀족만 전유한 공간은 아니었다. 리츠가 살던 시대는 이미 부르주아 중심의 사회가 형성된 뒤였다. 신흥 부르주아 세력은 원래 평민 계급에 속했으나, 태생적 신분의 한계를 시민혁명과 산업혁명으로 돌파해 사회 주도 세력으로 떠올랐다. 상공업 부자들은 쌓아놓은 경제력을 바탕으로 왕이나 귀족만큼의 대우를 받길 원했다. 리츠는 주요 소비층의 욕구를 간파했고, 호텔을 이용하는 주 고객층을 어떻게 대접해야 하는지 간명한 문장에 담아냈다.

리츠는 말에 담긴 신념대로 직원들을 교육했다. 만약 고객이 요리나 와인을 두고 불평할 경우 그것에 대해 문제제기하지 않고 치운 다음, 다른 것으로 교환해 주는 방식이었다. 고객의 요구를 최대한 숙고하고 존중한다는 영업 정신의 발현이었다.

이후 리츠의 말은 세계 각국으로 전해져 서비스 정신의 표본이 되었다. 이 문장은 미국으로 건너가 **고객은 항상 옳다**The customer is always right.라는 표현으로 자리 잡았다. 일본에서는 **고객은 신이다**라는 말, 우리나라에서는 **고객은 왕**이란 문장으로 변모했다.

20세기 후반부터 이 '고객은 왕'이라는 사고방식이 기업을 중심으로 널리 퍼졌다. 기업 경영에 마케팅의 중요성이 부각되면서 고객중심경영, 고객만족경영과 같은 단어로 변주됐다. 점차 **고객 돌봄**과 **고객 섬김**이라는 파생 언어까지 등장했다.

고객 중심주의는 단순히 손님에게 좋은 서비스를 제공한다는 생각을 넘어선다. 기업이 신제품으로 냉장고를 하나 개발해

팔거나 백화점에서 점원이 옷을 팔더라도 제품 개발에서부터 판매에 이르기까지 고객의 욕구를 파악하고, 최선의 서비스를 제공하는 것을 뜻한다. 그러면 고객 만족도는 점차 올라가고, 경쟁사로의 고객 이탈도 줄어든다. 그뿐인가. 만족한 고객은 주변 사람들에게 기업과 제품에 대한 긍정적인 입소문을 퍼뜨린다. A사의 가전제품이 최고라든가, B백화점의 고객 응대가 인상적이었다는 등 입소문으로 브랜드 가치가 올라가는 것이다.

그런데 이 고객중심주의는 시간이 지남에 따라 자본주의와 맞물려 변질되었다. 악성 민원 고객이나 블랙 컨슈머의 갑질을 뒷받침하는 묘한 논리로 말이다.

"사랑합니다, 고객님" 속 자본주의 논리 ———

2006년, '고객은 왕'의 정신을 넘어선 말이 등장했다. **사랑합니다, 고객님**이라는 문장이다. 한동안 114 고객안내 서비스의 인사말로 쓰이던 이 문장은 2년 반 만에 사라졌다. 사라진 데에는 이유가 있었다. 이 친절한 인사말에 성희롱과 폭언을 퍼붓는 고객들이 존재했기 때문이다. 인사말 끝에 상담원에게 '나를 얼마나 사랑하는지 구체적으로 말해달라'며 답을 강요하거나, '혼인 신고하게 주민번호를 알려달라'며 폭언을 일삼는 사람도 있었다. 결국 이 인사말은 상담원들에게 과도한 감정 노동을 조장하고 굴욕감을 줄 수 있다는 비판을 받고 2년 반 만에 자취를 감췄다.

자세히 살펴보면 '사랑합니다, 고객님'은 사랑이라는 정의적 영역을 자본주의 논리에 끌어들인, 흥미로운 문장이다. 114 고객안내센터 직원들은 안내 서비스를 제공하는 업을 수행한다. 이러한 서비스를 제공한 대가로 월급을 받는다. 그런데 기업이 요구하는 건 안내 서비스 이상의 사랑과 친절이다. 의례적인 말 한마디라 할지라도 감정을 표현하는 문장이 발화되고 나면 일정한 힘을 가지게 되고, 엉뚱한 결과를 낳기도 한다. 성희롱으로 응대한 일부 고객들이 그 예다. 성희롱하는 비정상 고객이 소수라고 할지라도 그 소수를 한 명 한 명 대응해야 하는 안내 서비스 직원에게는 파급력이 작은 게 아니다. 그럼에도 고객에게 친절하라는 논리로 직원들에게 '사랑한다'는 말을 요구한 것이다.

이른바 '진상 고객', '갑질 손님'이라 불리는 이들의 논리 속에도 기업의 논리와 빼닮은 자본주의의 속성이 숨어있다. 가령 카페나 음식점에서 서비스를 하는 점원은 매장에서 일하며 월급을 받는다. 이 월급은 고객이 치른 비용에서 비롯된 것이다. '점원의 월급은 고객의 돈에서 비롯된다'는 사고방식은 매장에서 일하는 동안 점원이 고객에게 최상의 서비스 정신을 발휘해야 한다는 논리로 이어진다. 고객이 지불한 돈으로 월급을 받기 때문이다. 콜센터 서비스 직원도 마찬가지다. 서비스 직원은 월급에 상응하는 서비스를 제공하여야 하며, 고객이 비인간적인 모욕을 퍼붓더라도 이조차 견디는 것이 서비스에 해당한다는 사고방식이 등장했다.

이 자본주의식 사고의 밑바탕에 깔려있는 건 어떤 생각일까. 들여다보면 인간관계나 개인의 인격 역시 화폐 가치로 환원할 수 있고 맞교환 가능하다는 생각이 있다. 《역사와 계급 의식》의 저자이자 마르크스주의자인 게오르크 루카치는 이 인간관계의 문제점을 지적한 인물이다. 그는 서구의 발달한 자본주의에서 나타나는 문제점을 사물화라는 단어로 설명했다. 사물화는 인간의 노동과 사회적 관계가 마치 하나의 상품처럼 취급되고, 인간 스스로가 이 상품의 논리로 대상화되는 현상을 의미한다.

원래 애덤 스미스와 같은 고전 경제학자들은 '상품'을 노동자의, 노동에 의해 만들어진 산물로 봤다. 노동자가 상품을 만들어야 그것이 비로소 일정한 가치를 지닌다고 여겼던 것이다. 당시까지는 상품이나 서비스보다는 그것을 생산하는 '인간'이 중요한 의미를 품고 있는 존재였다.

산업화가 진행되면서 상황이 바뀌었다. 물질이 중심 가치로 우뚝 서게 되고, 다른 가치들은 그 아래에 자리 잡게 되었다. 특히 그 무엇이든, 화폐 가치로 환원이 가능해지면서 '사람이 무엇을 생산하느냐'보다 '얼마만큼 가치 있는 상품을 생산하는 사람'이냐가 중요해졌다. 사람들 사이의 사회적 관계가 마치 상품들 사이의 관계처럼 인식되고, 한 발자국 더 나아가 모든 사물이 하나의 상품이 되고, 인간의 실존이나 의식까지도 사물처럼 전환된다. 이제 인간은 고유의 인격을 지닌 존재로 취급받지 않는다. 외부의 많은 것과 마찬가지로 인간은 소유도 가능하고 내다 팔 수도 있는 사물처럼 자리 잡게 된다.

이러한 사물화의 풍경 속에서 당연하게도 노동자의 서비스, 그리고 기본 권리 역시 하나의 상품 거래로 취급받는 일이 생긴다. 왜곡된 자본주의에서 사람들이 중요시하는 건 타인에 대한 마음이나 존중이 아니다. 특히 다수의 것들이 화폐 가치와 거래·교환 가능한 것이 된 만큼 인간관계나 개인의 권리, 자유 영역까지도 교환할 수 있다는 생각이 널리 퍼졌다. 사람들이 중요하게 생각하는 건 자신이 지불한 돈만큼 누릴 수 있는 권리다. 잘못된 논리지만, 이를 따르는 사람들의 입장에서 보면 노동자는 단순히 월급을 받고 직업을 수행하는 사람이 아니라, 일하는 시간 동안 자신의 권리를 내어놓은 존재에 다름없다. 이 일련의 잘못된 생각으로 **월급 받고 일하면서 그 정도도 못 참느냐**는 말이 공공연하게 떠돌게 된다.

한국의 경우 서비스업에 종사하는 이들에게 이러한 압박이 강력하게 가해진다. 이런 분위기에서 '고객은 왕'이라는 기업 정신, 고객 돌봄과 섬김, 미소 마케팅 등은 당연하게 제공해야 할 하나의 상품이 되어 기업의 경쟁력을 뒷받침한다.

사람관계도 1대 1로 교환 가능하다는 논리에 발 딛고 '돈을 줬으니 모욕까지도 감내하라'는 비뚤어진 생각이 자라난다. 생각해 보자. 식당 음식이 마음에 들지 않는다며 무리한 보상을 요구하는 고객, 직원의 외모나 태도를 문제 삼는 사람, 콜센터 직원에게 성희롱이나 폭언을 일삼는 고객, 인간에 대한 존중이 결여된 그들의 태도는 1차로 인격의 결핍에서 비롯된 것일 수 있다. 그러나 한편으로는 서비스나 상품에 돈을 낸 고객이면 그 관계에서 무한 권리와 친절을 누리는 게 당연하다는 생각이 저변에 깔려있다. 사물화 현상이 팽배할수록 갑질하는 고객, 진상 손님은 끊임없이 생겨나고, 또 생겨난다. 심지어 "사랑합니다, 고객님"이라는 묘한 문장까지도.

무한 친절의 풍경 ───

장강명 작가의 단편 소설 〈모두, 친절하다〉는 '사무실 이사'
라는 일상적인 상황 속 풍경을 그린 작품이다. 소설 속 '나'는 회
사 사무실을 옮기는 과정에서 '소소하게 짜증 나는' 문제를 연이
어 마주한다. 이를 해결하는 과정에서 내가 만난 사람들은 '무
조건 친절'로 서비스를 제공해야 하는 노동자들이다. 이사 업체,
A/S 서비스 센터, 피자 배달 알바, 회사의 계약직 직원. 이들은
모두 비굴할 정도로 친절하지만 그 누구도 책임자는 아니다. 책
임을 져야 하는 것은 그 뒤에 숨은 회사지만, 피해를 입은 소비
자는 그들에게 직접적으로 항의할 수 없다. 결국 고객인 내가 항
의할 수 있는 대상은 눈앞에서 고객에게 응대하는 직원이다. 친
절로 무장한 채 화가 난 고객을 최전선에서 상대하고 받아내는
것이 회사가 정한 의무니까. 이 과정에서 의도치 않게 '나'는 또
다른 갑이 되어버린다.

소설 속 이야기처럼 서비스 종사자의 무한 친절을 요구하는
시스템 뒤편에는 기업의 책임 회피나 수익 논리가 숨어있다. 진
상 고객에 대한 기업의 무심한 대처 속에 결국 피해를 입는 건
배달 라이더, 콜센터 직원, 개인 자영업자다.

최근에는 음식 배달 등 플랫폼 기업이 만든 별점 시스템도

새로운 '갑질' 도구로 떠올랐다. 서울의 한 김밥집 50대 점주가 소비자의 별점 테러에 시달리다 사망한 사건이 있었다. 고객이 구매하고 하루가 지난 새우튀김 3개 중 1개의 색이 이상하다며 환불을 요구했다. 점주가 하나만 환불해 주겠다고 하자 고객은 애플리케이션에 비방 리뷰를 남기고 전화해 욕설을 퍼부었다.

음식 배달을 담당하는 애플리케이션에서는 이 블랙컨슈머에게 소극적인 대처만 할 뿐이었다. 오히려 점주에게 **고객의 편의를 위해 서비스에 더 신경 써달라**는 이야기를 전했다.

진상 고객이 퍼붓는 별점 테러는 손가락 몇 번 움직이면 가능한 '쉬운 갑질'이다. 부당한 일임에도 플랫폼에서 서비스나 용역을 제공하는 사업자가 별점 리뷰에 목을 맬 수밖에 없는 구조이기 때문이다. 별점 리뷰는 앞으로의 매출이나 수익과 직접적으로 연결된다. 기업이 진상 고객에게 애매한 대처로 일관하는 한 별점 테러 하나에도 점주는 어떤 방식으로든 신경 쓸 수밖에 없는 시스템이다. 갑질을 막기 위해 가장 먼저 발 벗고 나서야 하는 주체가 누구인지 보여주는 대표적인 사례다.

어떤 변화를 꾀해야 할까? 한국만큼 진상 고객이 성행한 곳은 이웃나라 일본이다. 우리나라의 '진상'처럼 손님이 불합리한 클레임을 걸며 기업이나 종업원을 괴롭히는 현상인 '카스하라カスハラ·고객에 의한 괴롭힘'가 사회 문제가 될 정도다. 일본 후생노동

성에 따르면 고객에게 협박이나 비방, 무릎 꿇리기 등의 부당한 요구로 우울증 발생 등 산재를 인정받은 정신적 피해자 수가 1년 간(2023년 4월~24년 3월) 52명으로 집계되었다.

종업원의 과도한 친절과 공손을 강조하던 이 나라에도 변화가 나타났다. "손님은 신이 아닙니다"라는 문구를 내세운 기업이 등장했다. 아키타현의 버스회사인 다이이치라는 관광버스 회사다. 이 회사는 지역신문에 "그 불만, 지나친 것 아닌가요?"라는 도발적인 제목의 광고를 실었다. 목소리 큰 사람의 엉뚱한 요구에는 응대하지 않겠다는 의지를 보여준 문구다. 인식의 변화에 앞서 제도의 보완을 선택하는 지방자치단체도 있다. 도쿄도都에서는 아예 고객과 사업자 등의 책무로 카스하라를 막기 위한 대응을 취하도록 하는 조례를 만들어 시행하기 시작했다.

상품을 구매한 소비자가 그에 상응하는 서비스를 누릴 수 있다. 서비스 제공자의 불친절이나 제품의 문제를 경험했다면 정중한 요구를 건넬 수도 있다. 그러나 서비스 제공자는 서비스를 제공하지 인격을 제공하지 않는다. 소비자의 권리도 마찬가지로 볼 수 있다. 상품으로 인한 피해를 입었을 때 정당한 보상을 요구할 권리를 갖지만, '서비스 제공자에게 무한 친절과 봉사를 요구할 권리'나 '인격적 수치심을 안길 권리'를 가진 게 아니다.

진상과 진상이 아닌 고객 사이의 경계는 우리의 생각과 달리 희미하다. 감정 노동자에 대한 미묘한 우월감, 큰 목소리 내지 않으면 손해 본다는 피해의식을 한 줌이라도 움켜쥐고 있다면, 그리고 그 마음을 경계하지 않는다면 누구나 금세 진상 고객이 될 수 있다. 기억해 두자. 나를 상대하는 서비스 노동자는 자동 응답 시스템이나 인공 지능이 아니다. 사람이다.

권리 오독誤讀의
세상

안타까운 죽음은 예기치 않은 곳에서 온다. 온라인 속 게시 글이나 쉴 새 없이 울리는 전화벨 소리에서도 시작될 수 있다. 2024년 김포시에서 벌어진 사건이 그랬다.

2024년 2월, 김포시는 고촌읍 김포한강로에서 포트홀(도로 파임) 보수 공사를 진행했다. 유독 도로파임이 많은 겨울이었다. 포트홀로 차가 망가졌다는 민원 전화가 하루에 50~60통씩 빗 발쳤다. 공사로 차량이 정체되었고 시민들은 분통을 터트렸다.

그 순간, 한 온라인 카페에 게시 글이 하나 올라온다. 공사 를 승인한 주무관이라며 A씨를 지목한 글이었다. 글 속의 A씨 는 '무책임한 공무원의 전형'이었다. 글쓴이는 'A씨가 공사를 승 인하고 퇴근해 버렸을 것'이라는 추측성 정보를 담았다. 그의 실 명과 소속 부서, 직통 전화번호가 공개된 채였다.

사실이었을까. A씨는 포트홀 보수 공사 당일 밤늦게까지 현장을 지킨 담당자였다. 그러나 그에게는 자신의 입장을 설명할 기회가 없었다. 이제 입직한 지 1년 6개월이 된 젊은이에게 항의성 민원 전화가 끝도 없이 걸려왔다. 폭주하는 항의 전화에 시달리던 A씨는 결국 죽음을 선택했다.

그의 죽음으로 악성 민원 문제가 공개적으로 드러났다. 국민권익위원회가 실태조사를 한 결과, 2024년 3월 기준 총 2,784명이 상습적인 민원을 반복하거나 위법적인 민원을 하는 것으로 밝혀졌다. 공무원 A씨가 당한 것과 같이 업무 담당자의 개인 전화로 수백 통의 문자를 발송하는 등 상습적으로 담당자를 괴롭히는 유형이 전체의 절반 가까운 수치였다.(48%, 1,340명) 살해 협박을 하거나 책상을 집어던지는 등의 폭언·폭행 유형도 40%인 1,113명에 달했다. A씨 사건의 발단이 되었던 행위, 이른바 좌표 찍기(담당 공무원의 실명 공개 후 항의 전화를 독려하거나 신상공개를 하는 행위)를 하는 이들도 있었다.

전국의 공무원이 이 일을 계기로 연대했다. 시위도 이어졌다. 악성 민원의 칼날은 누구에게든 찾아들 수 있는 것이었으므로. 이 사건이 언론에 크게 보도된 후 경찰도 이례적인 강경대책을 내놨다. A씨 관련 게시 글을 올리거나 민원 전화를 건 7명 중 2명을 정보통신망 이용 촉진 및 정보보호 등에 관한 법률상 명예훼손과 협박 등의 혐의로 불구속 입건, 검찰로 송치했다.

2023년 7월에는 서울 강남 서이초등학교에서 근무하던 2년 차 교사가 스스로 목숨을 끊는 일이 있었다. 자신이 담임을 맡고 있던 1학년 교실의 자료 준비실에서였다. 사건 한 달 전 '연필 사건'이 있었다. 수업 중 A학생이 B학생의 가방을 연필로 찌르자, B학생이 연필을 빼앗으려다 자기 이마를 그어 상처가 생긴 사건이었다. 이 사건으로 B학생의 학부모가 여러 차례 담임교사의 휴대전화로 전화를 했다는 사실이 밝혀졌다. 이 일은 무혐의로 끝났으나 그 외에도 다양한 학생들의 문제가 존재했다는 사실이 밝혀졌다. 숨진 교사가 이전 연도의 담당 학급 학부모에게 건넨 편지가 후속 보도로 소개되기도 했다. 그는 가르치는 일에 열정과 의욕을 보이던 교사였다.

그런 그가 사망하면서 학교 안 교실 붕괴 및 교권 추락 현실이 수면 위로 드러났다. 모호한 정서학대 기준으로 인해 다수의 교사가 아동학대 신고에 놓일 수 있다는 사실도 알려졌다. 전국 초등교사 노동조합이 조사한 바에 의하면 2023년 2,390명을 대상으로 한 설문조사에서 교권 침해를 당한 적 있다는 응답이 전체의 99.2%에 달했다.

개별적인 악성 민원 사례도 소개되었는데, 비상식적인 요구나 주장이 많았다. 학생들의 다툼을 훈계한 교사를 학부모가 아동학대로 신고하거나, 학교폭력으로 가해학생과 피해학생을 분리하기 위해(학교폭력 처리 규정에 의하면 가해학생과 피해학생의 분리를 최우선으로 두고 있다) 가해학생을 상담실로 보내니 감금을 주장하며 아동학대로 신고한 일도 있었다. 장애인 학생을 비하하는 학생을 훈육하고 장애인 학생에게 사과를 시키니 학부모가 찾아와 교사의 훈육이 정서적 아동학대에 해당한다고 주장한 사례도 있었다.

공무원 A씨와 서이초 교사의 죽음은 개별적인 것으로 보이나, 한편으로는 닮은 구석이 있다. 공직 사회에서 벌어진 일이라는 점, 그중에서도 악성 민원의 문제점을 수면 위에 드러낸 사건이었다는 점이다. 두 사건 뒤, 대중의 머릿속에는 비슷한 물음이 떠올랐다. 고질적인 악성 민원이 사라지지 않는 이유는 무엇 때문일까.

공직 사회의 악성 민원 역시 서비스업 속 고객의 갑질과 비슷한 패턴과 맥락을 보인다. 1차 원인은 악성 민원인의 가해행동이다. 무례하고 예의 없고 인간 존중의 태도를 상실한 민원인의 비상식적인 태도를 지적하지 않을 수는 없다.

사건이 터질 때마다 대중이 주목하는 것은 대체로 선악의 이분법이다. '악성 민원인'-'공무원', '교권 침해를 받는 교사-가해자인 부모'와 같은 구도가 그 예다. 악랄한 가해자-선량한 피해자의 구도는 얼핏 간략하고 명쾌해 보인다. 그러나 거칠고 설부른 범주화는 문제 해결을 도울 수 없다. 이 명쾌한 구도는 몇 몇 가해자에 대한 지적과 비난, 단죄로 끝맺음되기 쉽다. 소수의 가해자를 단죄하는 걸로 끝나면 구조적 문제 아래에서 비슷한 문제가 지속된다. 새로운 단서가 발견되거나 전환점을 불러오는 또 다른 사건이 발생하면 가해자와 피해자의 자리가 뒤바뀌는 것도 순식간이다. 대중은 새롭게 단죄할 대상을 찾고 비난은 반복된다. 원인을 다각도로 찾지 않으면 또 다른 문제가 생길 뿐이다.

"내가 낸 세금으로 월급 받는 주제에"라는 말 ———

2020년 충주시 유튜브 채널에는 "공무원은 내 세금을 얼마나 받아먹을까?"라는 제목의 영상이 올라왔다. 영상 속에는 충주시 홍보 담당자이자 충주시 유튜브를 흥행시킨 김선태 주무관이 등장한다. 그는 2019년 기획재정부 자료를 바탕으로 공무원 인건비로 국민이 내는 세금을 거칠게 계산해 본다. 그에 따르면 공무원 인건비로 국민 1인이 내는 세금은 연간 80만 원이다. 이를 충주시 공무원 약 1,400명으로 나누면 공무원 1인에게 지급되는 국민의 돈은 연간 468원이라는 결과가 나온다.

웃음 유발을 위한 단순 계산이지만, 씁쓸한 면이 있다. 공무원에게 가장 많이 쏟아지는 말 중 하나가 **내가 낸 세금으로 왜 이 정도밖에 일을 못하느냐**이기 때문이다.

공무원 하면 많은 이들이 떠올리는 이미지 중 하나가 국민이 낸 세금으로 녹을 먹는 사람들일 것이다. 국민이 낸 세금으로 운영되는 국가기관에서 일하고 있다는 점을 일부 민원인들은 악성 민원을 마음껏 제기해도 된다는 의미로 받아들인다. 그러나 간과해서는 안 되는 것이 있다. 개인이든 기업이든 정부든, 각 생산요소가 제공하는 각각의 서비스에 대해서는 그 가치만큼의 소득이 지불되는 것이 원칙이다.

공무원은 법과 규정에 따라 업무를 수행해야 하나, 민원인의 개인적인 요구를 무조건 들어줄 의무가 없다. 민원인의 서비스 만족도는 주관적인 판단에 따라 달라지기에 이를 모두 만족시키기도 어렵다. 공무원이 최선을 다해 업무를 수행했더라도, 민원인의 기대치가 너무 높거나, 다른 이유로 불만을 느낄 수 있다. 결국 높낮이가 각기 다른 허들을 넘기 위해 각개전투해야 하는 상황인 것이다. 1대 1의 화폐 가치 맞교환의 원칙으로는 해결이 불가능한 점이다.

'봉사'라는 측면에서 공무원의 역할을 강조하는 경우도 있다.

대한민국 제7조 ①항에서는 공무원을 "국민 전체에 대한 봉사자, 국민에 대하여 책임을 지는 사람"으로 규정한다. 민주주의 국가에서 공무원은 국민의 위임에 따라 국가의 업무를 수행하는 존재이니, 국민에 대한 봉사자로서의 역할을 수행하라는 말일 수 있다. 실제 국민의 세금으로 운영되는 국가기관에서 일하는 만큼, 국민 전체의 이익을 위해 봉사해야 한다는 원칙을 담고 있기도 하다. 하지만 여기서 봉사는 특정 개인이나 집단의 이익을 대변하는 것이 아니라, 공익을 우선시해야 하며, 공무원의 청렴성과 책임감을 강조하는 말일 테다.

그러므로 봉사자로서의 역할을 '무조건적인 서비스 제공이나 친절'로 해석하는 건 무리다. 이는 위법적이거나 잘못된 민원이라 할지라도 차단하지 않고 받아내고 대응하는 업무 처리 방식으로 이어진다. 공직 사회의 경직성도 한몫한다. 공직 사회에서는 최대한 문제없이 일을 처리하고, 책임 소재를 파악하기 위해 기록을 남기는 것이 최고의 업무 대응 방식이 된다. 아무리 비상식적인 민원이라도 처리하고 결과를 남기는 게 우선이다.

이 경직성과 관료제의 특성 때문에 쉽게 해결되지 않는 일들도 존재한다. 무사안일주의나 불친절에 빠진 공무원을 마주하기도 한다. 소수의 악성 민원인이 존재하듯 공무원도 마찬가지일 테니까. 서류를 내고 또 내도 결국 처리되지 않거나 억울하게 손해를 볼 때도 있다. 나 역시 그런 일에 분통을 터트리고는 한다.

민원이 뜻한 대로 처리되지 않으면, 많은 사람들이 분노의 자동 버튼을 엉뚱한 곳에 눌러버린다. 말단 공무원에게 화를 퍼붓는 방식으로. 국가의 제도적 시스템에서 비롯된 문제를 말단 공무원에게 풀어내는 방식은, 기업에 항의해야 할 바를 감정 노동자에게 풀어내는 방식과 놀랍도록 닮아있다.

분노 버튼을 누르기 전에 먼저 스스로에게 질문을 던져볼 필요가 있다. 시스템의 잘못을 사람에게 분풀이하고 있는 건 아닌지. 내가 요구하고 문제제기하는 방식이 맞는 건지. 가해자-피해자를 쉽게 나눌 수 없는 세계에서 나만 피해자라 생각하는 건 아닌지. 이른바 '호구'가 되지 않으려 누군가에게 날 선 말을 내뱉으려는 게 아닌지.

'누칼협'의 세상 ———

공직 사회의 이야기에서 시작했으나 비슷한 맥락의 요구는 다방면에 적용된다. 공무원뿐 아니라 경찰, 자영업자, 콜센터 직원, 연예인 등 타인에게 어떤 방식으로든 서비스를 제공하는 직업은 유사한 방식의 요구를 들어야 한다.

연예인은 어떠한가. 미디어를 통해 사생활조차 노출될 수밖에 없는 일의 특성상 이들의 SNS 계정이나 관련 기사 댓글에는 살을 빼라거나 자기 관리를 하라는 등 오지랖이 넘쳐난다. 비난이나 모욕적 언사를 퍼부을 때면, **유명세를 얻어 그 많은 돈을 벌었으니 이 정도는 감내하라**는 논리가 떠돈다. **타인에게 노출되는 일을 하면서 이 정도 욕먹는 건 각오해야지**라는 말이 돌아다닌다.

서비스의 범주에서 벗어났든 벗어나지 않았든 세상은 냉정한 논리를 펼쳐든다. 악성 민원이나 악플에 억울함을 표출하면, '누칼협'이라는 세 글자 말을 날리는 식이다. 풀어 말하면 '누가 칼 들고 협박했냐'는 말로, '아무도 칼을 들고 협박하지 않았다. 다름 아닌 네가 선택한 일이다'라는 뜻을 담고 있다. 주로 직업 세계의 억울함을 호소하는 이들에게 네티즌들이 꺼내드는 말이다.

세 음절의 날 선 말 속에는 몇 가지 전제 조건이 깔려있다. 첫째, 직업 선택의 자유도, 직업을 관둘 자유도 개인에게 있다는 논리다. 더불어 직업과 관련해 감내해야 하는 고충이 버겁고, 억울한 마음이 들면 그 직업 세계를 뜨면 그만 아니냐는 사고방식도 담겨있다. 마지막으로 공무원이든 연예인이든 콜센터 직원이든 회사원이든 업業을 떠나지 않고 지속한다면 고충을 감내하라는 무언의 말도 숨어있다.

이 누칼협의 논리는 고난을 겪은 이들에게 책임을 돌리는 '피해자 탓'으로 이어진다. 누칼협을 직접적으로 들이밀지 않는다 해도 업무의 억울함을 호소하는 경찰, 직장 내 따돌림으로 스스로 죽음을 택한 회사원, 고객의 폭언을 견디다 공황장애에 걸린 콜센터 직원에게 비슷한 논리를 건넨다. 진즉 직업을 관두면 되었을 텐데 어째서 그 지경에 이르렀냐는 이야기다.

그러나 생각해 보자. 직업인에게 있어 생업을 관두는 건 쉬운 일이 아니다. '아니꼬우면 일 관두기'란 생각으로 생존과 관련된 일을 쉽게 놓을 수 있는 사람은 많지 않다. 그럼에도 우리는 얼굴도 본 적 없는 누군가의 복잡한 사정을 손쉽게 판가름한다. 이런 의미에서 누칼협은 명쾌하고 쉬운 논리지만, 타인의 생업, 간단치 않은 삶과 직업 세계를 무 자르듯 재단하는 날 선 말이 되기 쉽다. 타인의 삶을 재단할 권리를 가지지 않은 사람들이 칼을 휘두르는 격이다.

권리 오독에서 벗어나기 ———

"인류 사회의 모든 구성원은 타고난 존엄성과 남에게는 넘겨줄 수 없는 권리를 가지고 있다."

〈세계인권선언〉의 전문 내용이다. 1948년 12월 10일, UN에서 채택된 이 선언은 모든 사람이 누릴 자유와 평등, 존엄성이라는 보편적 권리를 세계 최초로 합의한 문서다. 이 '권리'가 모두의 것으로 공식화되기까지 지난한 분투의 역사가 있었다. 원래 고대와 중세, 절대왕정 시대까지 권리는 일반인들의 것이 아니었다. 상류층에서 특정 개인이나 집단의 이익을 위해 소수에게 부여되던 '특권'이었다.

근대 사회에 들어서면서 계몽주의 사상가들에 의해 자연권 사상이 대두된다. 자연권은 모든 인간이 태어나면서부터 생명과 자유, 재산 등 기본적 권리를 가진다는 생각이었다. 이 사상이 시민혁명과 함께 근대 국가의 헌법에 반영되며 권리가 특권 계층에게서 다수에게로 옮겨왔다. 이후에도 일부에게만 허용되던 권리의 성벽을 허물기 위한 투쟁의 역사가 계속됐다. 시민혁명의 성공 뒤안길에서 수많은 평민들의 목숨이 사라졌다. 참정권과 사회권, 노동권을 확보하기까지 무수한 노동자들이 희생됐다. 결국 권리는, 소수의 특권 아래에서 짓밟히던 수많은 사회적 약자가 인간답게 살기 위해 자신의 목숨을 걸고 분투하며 얻어낸 산물이다.

그런데 이 권리가 21세기 대한민국에서 엉뚱한 방향으로 해석되고, 변질된다. 악성 민원인이나 갑질 고객은 자신의 권리를 '타인에게 모멸감을 줄 수 있는 특권'이라 여긴다. 개인의 직종이나 사회적 위치에 따라 주어진 권리의 부피와 질량이 다르다고 여기거나, 1대 1 거래 관계에서 발생하는 자신만의 특권이라 착각하기도 한다. 그 과정에서 **내 권리 내가 주장하는데 뭐가 문제냐**며 핏대를 세우기도 한다. 명백한 권리 오독의 현장이다.

인간은 사회적 동물이므로, 한 사람의 인권은 다른 사람의 권리와 상호의존적으로 얽혀있다. 나뿐만 아니라 타자의 인간다운 삶을 지켜주는 것이 권리의 진정한 의미다. 내가 존엄을 지닌다면 내 옆 사람의 존엄을 지켜줄 책임이 있고, 내 인격이 중요하다면 타인의 인격도 귀하다. 권리는 유아독존 상태로 나 홀로 누리는 것이 아니다. 시소 타듯 타인의 권리가 늘어나면 내 권리의 영역이 축소되는 것도 아니다. 서로 지켜주는 만큼 권리의 저변은 확산된다. 그 사실을 깨달을 때 권리 오독 상태에서 벗어날 수 있다.

PART 6.

노력

노력한 만큼
대접받고
싶다는 말

대학교 입학 직전에 있던 일이다. 나는 서울의 대학 대신, 충청도에 위치한 교원양성 특수목적대학교에 진학했다. 1~2학년은 의무로 기숙사 생활을 해야 하는 곳이었다. 기숙사 입사 전날 짐을 간소하게나마 싸야 했는데 짐을 담을 커다란 가방이 없었다. 가방을 사기 위해 집 근처 가방 가게로 갔다. 트렁크나 백팩을 취급하는 가게였다. 커다란 이민 가방을 고르는 나와 엄마를 보더니 가게 주인으로 보이는 중년 여성이 왜 이민 가방을 사냐고 물었다. '아이가 먼 곳으로 대학을 가게 되어 가방을 구매한다'고 엄마가 답하자, 주인이 안타까운 듯 말했다. **"아니, 공부를 열심히 하지 않았구나?! 노력 좀 하지 그랬어."**

갑작스러운 꾸지람에 난감한 기분이 들었다. 약간의 억울함도 솟았던 것 같다. 열아홉 살 내 짧은 인생을 축약해서 초면인 아주머니에게 설명하기도 어색하니, 내가 지을 수 있는 가장 어색한 미소를 띤 채 가만히 있었다.

한편으로는 그 꾸지람 섞인 말이 어떤 논리에서 나왔는지 헤아려봤다. 그러니까 이런 흐름 아니었을까? 수도권에서 먼 곳에 위치한 대학을 간다는 것은 지방에 있는 대학교에 진학하는 것이며, 지방대에 진학하는 것은 대학 입시에서 좋은 성과를 내지 못한 것이며, 입시에 성공하지 못했다는 건 고등학교 때 공부를 하지 않았다는 증거다. 이 사고의 흐름이 불과 2~3초 만에 아주머니의 머릿속에 떠올랐을 테고 그것이 한마디 말로 발화가 되었을 것이다.

당시를 돌이켜 보면 물음이 떠오른다. 내가 주인의 입장이라면 어땠을까. 비슷한 상황을 마주했을 때—그러니까 '먼 곳에 위치한' 대학에 간다는 학생을 마주했을 때—비슷한 의식의 흐름을 가지지 않았을까? 크게 달랐을까?

능력주의에 가려진 것들 ———

2017년 고려대학교 대나무숲(해당 학교 재학생의 제보나 글을 익명으로 올려주던 페이지) 페이스북 페이지에 흥미로운 글이 올라왔다. "학벌주의가 더 심해졌으면 좋겠다"는 제목의 글이었다.

학벌주의 '타파'나 학벌주의의 '문제' 같은 어구가 익숙한 요즘, 눈길을 끌만한 발언이었다. 학벌주의가 심해져서 SKY 출신이 더 대접받았으면 좋겠다는 것이 글쓴이의 주요한 주장이었다. 차라리 기업에 취업하거나 대학원 시험을 볼 때 대학의 순위로 순서를 정해서 시험을 볼 수 있었으면 좋겠다는 얘기도 덧붙였다. 글 구석구석에 '과거에 노력하지 않았던 사람들은 좀 덜 대접받아도 되지 않나 싶다'는 논리가 자리하고 있었다.

노골적인 발언에 많은 이들이 거부감을 드러냈다. '대학생이 된 성인이 어떻게 이런 얘기를 하냐'는 비판도 뒤따랐다. 그러나 넌지시 동의하는 학생들도 있었다. **당연한 얘기 아닌가. 노력한 만큼 대접받는 게 이상한 일인가. 우리가 명문대에 입학하려고 얼마나 노력했는데.**

흥미로운 것은 글쓴이와 그 지지자들이 '노력에 대한 보상'으로 학벌주의를 언급했다는 점이다. 학벌주의란 개인의 능력과 상관없이 출신 학교의 지위를 중요하게 여기는 사회 현상을 말한다. 같은 대졸자라 하더라도 학교의 종류나 명성, 학과에 따라 사람들이 다른 가치를 부여할 수 있다는 생각을 일컫기도 한다. 글쓴이는 이 학벌주의를 옹호하는 근거로 '능력'과 '노력'이라는 가치를 언급했다.

'노력한 만큼, 능력만큼 대접받는 게 당연한 거 아니냐'는 이야기는 돌림노래처럼 갖가지 사건에서 되풀이된다. 2020년의 인국공 사태, 즉 인천국제공항의 비정규직 중 일부인 1,902명을 정규직으로 전환하는 사건 당시에도 비슷한 의견이 떠돌았다. 정규직 노조는 극렬히 반대했다. "공정이 무너진 곳에 대한민국의 미래는 없다"는 문구가 등장했다. 이들이 이야기하는 것은 과정의 공정이었다. 인천국제공항에 취업을 희망하는 이들 역시 반발했다. 어렵게 시험을 치르고 합격해 인천국제공항에 입사한 현직자 및 공사 취업을 치열하게 준비 중인 취업 준비생들을 허탈하게 만드는 조치라는 이야기였다.

이후 국민의힘 하태경 의원은 이 사건을 기점으로 청년 '로또취업방지법'이라는 법안을 발의했다. 공공기관이 신입과 경력 직원을 채용할 때 엄격한 공공성을 관철하란 내용을 담은 법이었다. 법에 '로또'라는 단어가 붙은 것이 흥미롭다. 능력과 노력을 갖추지 못한 비정규직이 공정하지 못한 절차를 거쳐 정규직 전환을 이루는 것을 '로또'라는 단어로 축약해 표현한 것이다. 당시 이 법안의 발의를 다룬 〈조선일보〉의 헤드라인은 "노력 안 하고 정규직? 하태경 '로또취업방지법' 발의한다"였다.

인천국제공항 사태를 비롯해 비정규직의 정규직화가 거론될 때마다 반대하는 사람들이 언급하는 것은 '능력'과 '노력'의 가치다. 개인이 움켜쥘 수 있는 사회적 위치, 경제적 부의 배분은 능력과 노력에 의해 이루어져야 한다는 정치 철학, 이것을 능력주의meritocracy라고 한다. 능력주의는 전근대 시대의 귀족주의를 대체한 말이다. 과거 신분제 시대에는 지위와 권력을 세습하고 출신이나 배경에 따라 보상을 받던 귀족주의가 당연한 것이었으나, 근대 이후에는 개인의 능력에 따라 차등적으로 부를 분배한다는 능력주의가 널리 퍼졌다. 능력주의를 처음으로 주장한 이는 마이클 영이라는 영국의 정치가이자 사회학자였다.

마이클 영이 이 단어를 긍정적 의미로 사용한 건 아니다. 그는 1958년 저서 《능력주의의 부상The Rise of the Meritocracy》에서 능력주의 사회가 어떻게 불평등을 심화시키고 사회적 갈등을 불러올 수 있는지 경고했다. 그가 보기에 능력주의는 공정한 분배를 표방하지만 이는 거대한 눈속임에 불과하다. 개인의 능력과 노력에 따라 사회적 지위와 보상이 결정된다고 이야기함으로써 능력 있는 사람에게 더 많은 보상이 돌아가는 것을 당연하게 여기게끔 유도한다. 반면 능력이 부족한 사람에게 낮은 지위와 보상이 주어지는 것을 정당화한다. 즉 사회구조의 문제로 불평등이 발생해도, 그걸 간과하면서 개인에게 모든 책임을 전가할 수 있다. 능력주의의 경쟁 시스템에서 뒤처진 이는 패배자라는 낙인까지 얻을 수 있다.

대표적인 것이 지방대 학생들을 향한 비하 표현이나 멸칭이다. 2010년대부터 이미 '지잡대'(지방대 학생을 낮잡아 이르는 말)나 '듣보잡'이라는 말이 널리 퍼지고 일상용어처럼 사용되고 있다. 이 두 가지 멸칭에 공통적으로 들어가는 말은 '잡스럽다'이다. 순수하지 못하고 이것저것 뒤섞인 것을 이르는 말, 그를 이유로 대상의 가치를 낮추어 보는 말이다. 지방대 학생들조차 스스로를 '지잡대 출신'이라며 자조하듯 말하는 경우가 흔하다.

이 표현에는 다양한 논리가 숨어있다. 입시 경쟁에서 밀려나 지방대학에 입학했다면 충분히 노력하지 않았거나 실력이 부족하다는 걸 의미한다.—물론 이 논리 안에도 '지방대학은 반드시 실력이 부족한 학생들만 진학하는 곳인가?'와 같은 수많은 오류와 의문이 존재하지만—그러니 잡스럽다는 멸칭 정도는 감내해야 한다는, 단순하고 얄팍한 논리가 숨어있는 것이다.

그런데 이들이 내세우는 노력과 능력이라는 말부터 되짚어 볼 필요가 있다. 보통 명문대학에 갈 실력이라고 할 때 사람들이 떠올리는 건 개인의 지적인 능력이다. 능력주의를 처음으로 언급한 마이클 영 역시 이 부분을 언급했다. 그가 의미한 능력은 주로 지능과 학업 성취와 관련된 능력이다. 그에 따르면 능력주의 사회는 지능과 능력이 뛰어난 사람들이 세상의 주요 지위를 차지하는 사회이고, 이러한 능력은 주로 교육 과정을 통해 측정되고 평가된다.

이러한 논리에서 보면 대한민국에서 언급하는 능력은 두말할 것 없이 지적 능력이다. 시험에 따른 분배가 당연하게 이루어졌던 한국에서는 '시험공부가 진정한 노력이며, 그를 통해 쌓은 것이 진정한 실력과 능력'이라는 명제가 자리 잡고 있다. 시험과 경쟁에서 승리한 이들에게 합당한 찬사와 대접을 해야 한다는 생각도 존재한다.

이들이 이야기하는 것은 '시험'을 통해 자격을 갖추는 것이다. 그 결과 정규직은 공채 시험을 치르지 않은 비정규직을, 정교사는 기간제 교사를, '자격을 갖추지 않았다'고 이야기하는 것이다. 비정규직인 보안검색요원의 진정한 실력이 시험을 통해 자격을 갖추는 것인지, 사고 없이 오랫동안 보안 검색을 위한 실무 능력을 쌓는 것인지에 대한 논의는 뒤로 미뤄진다.

심지어 업무 실적이나 실무, 기술로 능력을 검증해야 하는 직군에서조차 공채 시험 합격을 '진정한 능력'으로 간주하는 일이 벌어진다. 지필평가에 합격해 정규직이 된 집단은 특정 업무를 다룰 자격, 보이지 않는 권위나 사회적 지위를 획득한다. 다른 회사로 옮겨가도 커다란 사고를 치지 않는 한 정규직을 유지하는 건 물론이다. 반면 비정규직은 훌륭한 업무 능력을 보여도 시험에 합격하지 않았다는 이유만으로 비정규직에 머물게 된다. 공채 시험 이후의 업무 능력이나 역량은 개인마다 다름에도 불구하고 '시험' 점수만을 기준으로 사회적 지위와 자격이 유지되는 것이다.

"돈도 실력"이라는 말 ————

능력주의라는 단어가 크게 부각된 것은 2016년의 일이다. 당시 언론 보도를 통해 최순실의 딸 정유라가 권력 실세인 엄마 덕분에 승마로 이화여대에 입학하고, 재벌 삼성이 말을 사 줬다는 사실이 널리 알려졌다. 불공정 혜택을 받고 대학에 진학했음을 비난하는 사람들에게 정유라는 SNS를 통해 일침을 날렸다. "능력 없으면 너희 부모를 원망하라. 돈도 실력이야"라는 말이었다.

이 짧은 문구가 다수의 공분을 샀다. 능력과 노력으로 대학에 입학하고 정당한 보상을 받는다는 한국인의 믿음을 정면으로 반박하고, 부모의 사회경제적 배경도 실력이라는 새로운 논리를 펼쳤기 때문이다. 그런데 이 "돈도 실력이야"라는 말은 흥미로운 부분이 있다. 오랜 시간 한국인이 주문처럼 외워온 실력이란 말을 전혀 새로운 관점에서 바라본 말이기 때문이다.

앞서 능력주의에서 말하는 능력은 주로 학업 성취에서의 지

적인 능력을 일컫는다고 했다. 그렇다면 이 시험을 치르는 능력
은 오롯이 개인의 것일까.

생각해 보면 기본적으로 시험에서 우수한 성적을 거두기 위
해서는 깔려있어야 할 기본적인 전제 조건이 있다. 즉 '시험공부
에 온전히 집중할 수 있는 상태'여야 한다. 고등학생이라면 생계
를 돌보기 위해 아르바이트나 취업 준비에 신경을 쏟지 않아도
될 만큼의 경제력이 필요하다. 고등학교에서 공부를 할 수 있는
상태여도 마찬가지다. 물론 과거에는 4당5락이나 "공부가 제일
쉬웠어요"처럼 불굴의 의지로 열악한 환경을 이겨낸 이들이 다
수 있었다.

지금은 개인의 지적인 능력으로만 돌파하기에는 입시 환경
이 만만치 않다. 특히 대학 입시 중 수시 전형의 경우, 단순히 학
력고사나 수능 시험을 잘 보던 세대의 경쟁과는 다른 차원으로
이루어진다. 일찍부터 진로를 설정해 자신이 가고 싶어 하는 대
학이나 전공에 대한 정보를 최대한 풍부하게 수집해야 하고, 그
에 맞춰서 고등학교 3년 동안 학생생활기록부를 빼곡히 채워야
한다. 대학마다 입시에 반영되는 과목 및 반영 비율, 전형이 제
각각이기 때문에 일찍부터 방향을 설정하고 그에 맞게 입시 전
략을 세우는 것도 중요한 과제다.

학생 한 명의 온전한 노력이나 학생 15~30명의 입시를 한

명의 담임교사가 담당하는 공교육만으로는 복잡다단한 경쟁에서 성공하기 쉽지 않은 면이 있다. 그래서일까. 입시와 관련하여 오랫동안 이어져 온 우스갯소리가 있다. 아이가 대학 입시를 성공적으로 마치려면 '할아버지의 재력, 아빠의 무관심, 엄마의 정보 수집 능력이 필수'라는 얘기다. 이 말을 헤집어 보면 대대로 이어져 온 경제력과 특권이 필수이며, 부모가 아이의 대입을 위해 정보 수집을 할 수 있을 만큼의 능력이 필수 요소임을 강조하고 있다. 웃어넘길 이야기일 수도 있으나, 어쩐지 뒷맛이 씁쓸한 농담이다. 겉보기에 학생의 지적 능력, 학업적 성취로 보이는 것들도 알고 보면 그 학생이 가진 사회경제적 배경과 연결되어 있음을 시사한다. 과거처럼 아무리 가난한 학생이라도 각고의 노력 끝에 원하는 대학에 가기에는 무리인 시대가 온 것이다.

여기에 더해 애초에 입시뿐 아니라 학교 교육과 평가 내용이 특정 이상의 계급에게 유리할 수도 있다. 이를 일찍이 지적한 이가 프랑스의 사회학자 피에르 부르디외다. 그에 의하면 학교에서 학생들에게 가르치는 교육 내용은 문화 자본을 소유한 사회 계급의 특성과 관련된 것이다. 우리가 수업 시간에 배우는 외국어나 클래식 음악 등은 문화를 지배하고 있는 계급에게 유리한 내용으로 구성되어 있다. 의무교육이 확산되면서 모든 학생들이 이러한 내용을 배우게 되었고, 지배 계급의 문화가 강제된 교육

과정이 다수 포함되었다.

겉보기에 학교는 계급에 치우치지 않고 사회적 선발을 하는 것처럼 보인다. 그래서 학교에서 가르치는 교육 내용은 별 저항 없이 학생들에게 전수된다. 결과적으로 이런 과정이 쌓이다 보면 지배 계급의 가치가 교육 내용으로 이어지고, 학업 성취뿐 아니라 사회적 지위의 획득 역시 지배 계급에게 유리한 구조로 돌아가는 것이다.

결국 지적인 능력은 다채로운 배경과 운이 쌓여 만들어진 것이라 볼 수 있다. 능력을 발휘하기까지 수많은 행운과 사회경제적 배경, 부모가 물려준 문화자본이 중첩되어 작용했기 때문이다.

능력과 노력의 베이스캠프 ———

어릴 때부터 지겨울 정도로 듣고 자랐던 얘기가 토끼와 거북이 우화다. 교과서와 동화책이, 수많은 어른들이 그 짧은 이야기를 어린이에게 끊임없이 알려줬던 건 거북이의 우직함과 빛나는 노력이 값지다는 걸 일러주기 위해서였을 테다. 이 우화는 '거북이가 토끼보다 느리다'는 전제에서 시작한다. 그러나 그 전제가 간과한 점이 있다. 애초에 이 경쟁은 육지에서 이루어졌기에 거북이에게 불리한 시합이었다는 점을. 경쟁의 레이스가 어디에서, 어떤 방식으로 이루어지느냐에 따라 능력도 노력도 빛을 다르게 발한다. 우리는 그 사실을 자주 잊는다.

학벌주의를 옹호해 화제를 불러일으킨 글을 다시 살펴보자. **노력한 만큼 대접받고 싶다**는 이야기 이면에는 '대학 입시(또는 취업 성공)에 이르기까지 나는 수많은 노력을 했으며 능력을 쌓아왔다'란 욕구가 숨어있다. 그런데 그 욕구와 논리에는 오류가 있다. 명문대에 입학하는 것도, 지방대에 진학하는 것도 개인의 능력과 노력 이외의 다양한 부분이 얽혀 만들어진 결과이기 때문이다. 이를 간과하고 불합리한 차별이나 촘촘한 서열 나누기를 하는 것은 오만함의 결과물이라 할 수 있다.

박권일이 그의 저서 《한국의 능력주의》에서 언급한 바에 의하면 한국인은 불평등에 분노하기보다 불공정에 분노한다. 한국인이 생각하는 공정은 개인의 능력과 노력에 따라 차등적으로 분배하는 것에 가깝다. 모두가 산술적 평등을 누리는 상황, 즉 공평에는 거부감을 갖지만 능력이나 노력에 따라 성과가 다르게 나뉘는 것은 정의라고 생각한다.

한국리서치가 2018년 조사한 〈한국사회 공정성 인식 조사 보고서〉에 따르면 개인의 능력과 노력에 따라 보수의 차이가 클수록 좋다고 답한 사람이 전체 응답자의 66%에 이르렀다. 많은 사람들이 평등한 세상보다 '능력에 따라 다른 대우를 받기'를 원하고, 특권 자체보다는 그 특권에 접근할 기회가 불평등하다는 사실에 분노하는 것이다.

이러한 능력주의는 무조건 동일한 출발선에서 경쟁하는 것이 공정하다는 생각에 기초하고 있다. 사람마다 주어진 여건, 타고난 것이 다르고, 동일한 출발선에 이르지 못하는 사람이 있다는 사실조차 인지하지 못하는 것이다. 한국인은 경쟁적으로 '실력 키우기'에만 집중하지만, 내 실력이 공평한 조건 아래에서 성취한 것은 아닐 수도 있다는 점을 깨달을 필요가 있다. 그래야 내가 생각하는 공정이 타인의 삶을 섣불리 재단하고 평가하는 도구로 사용되는 것을 막을 수 있기 때문이다.

이야기의 첫머리, 가방 가게 주인의 '노력 좀 하지 그랬냐'는 말에 억울함을 느꼈던 내 이야기로 돌아가 보자. 돌이켜 보면 내 억울함은 '지방대에 갈 성적보다 더 상위의 성적을 올렸는데 제대로 대접받지 못했다'는 알량한 자존심에서 비롯된 것이었다. 더불어 '나는 성적을 거둔 만큼 대접받아야 한다. 적어도 무시받아서는 안 된다'는 당위를 전제하고 있었을 수도 있다. 학벌주의나 능력주의를 드러내어 표방하지 않았으나 머릿속 어딘가에는 노력에 비례해 대접받고 싶다는 욕망이 숨 쉬고 있었던 것 아닐까. 능력주의는 그런 욕망에서 자라나는 건지도 모른다.

활동 상태
'쉬었음'과
노력 부족이라는
낙인

2009년 영화관에서 처음 마주한 〈김씨 표류기〉는 기묘한 영화였다. 영화는 화려한 볼거리가 있는 것도, 주인공이 인간 승리의 서사를 보이는 것도 아니었다. 주인공은 두 명의 남녀 김씨였는데, 둘 모두 세상과 고립된 채 삶을 이어가는 인물이었다. 남자 김씨는 빚 때문에 자살을 시도하지만 실패하고 밤섬에 표류하는 인물이다. 여자 김씨는 세상과 단절된 채 방에서만 지내는 은둔형 외톨이다. 영화는 아무와도 소통하지 않은 채 세상과 단절되어 살아가던 두 사람이 소통을 이어가며 진행된다.

당시엔 두 김씨의 삶이 낯설게 느껴졌다. 일본의 히키코모리 (사회와의 단절을 극단적으로 추구하며, 주로 집 안에서만 생활하는 사람들을 일컫는 일본어)라는 말이 미디어를 통해 조금씩 알려지던 때였다. 그때만 해도 영화 속 히키코모리 두 김씨는 낯선 존재로 보였다. 그러나 최근의 대한민국에서 히키코모리는 더 이상 낯선 존재가 아니다. 조금은 다른 의미지만 '쉬었음 청년'이라는 말도 뉴스에 자주 등장한다. 이들은 경제활동인구 관련 지표를 조사할 때 자신의 활동 상태를 '쉬었음'이라고 표시한 청년들을 말한다. 통계청이 2024년 9월 11일 발표한 고용동향을 보면, '그냥' 쉬었다고 답한 청년(15~29세)은 46만 명에 이른다.

일반적으로 10대 후반에서 20대 후반이라고 하면, 학교에 다니거나 진학 준비나 구직 활동을 하는 청년이 떠오른다. 하지만 쉬었음 청년은 이 중 어디에도 속하지 않는다.

물론 쉬었음 청년 중에서도 진학이나 구직의 문턱에서 잠시 재충전을 하는 이들도 있다. 그러나 개중에는 쉬는 상태가 장기화되면서 고립이나 은둔에 이른 이들이 있다. 가족 이외의 다른 사람과 유의미한 사회적 관계를 거의 갖지 않고 사회활동이 현저히 줄어든 상태로, 곤란한 상황에 처했을 때 도움을 요청할 지지 체제가 부재한 청년들을 이른다. 일본에서는 오래전부터 은둔 청년이라 불렸던 이들이다.

한국보건사회연구원에서 2023년 조사한 바에 따르면, 이 은둔 상태에 이른 인구는 54만 명(19~34세 인구의 5%)에 이른다. 방이나 집 등 제한된 공간에 자기 자신을 가두고 은둔하는 청년들까지 포함된 숫자다. 가족과 함께 살지만 바깥에서 활동을 하지 않는 청년들도 있다.

사회적으로 고립된 채 숨어 지내는 이들이 전체 청년층의 5%에 달한다는 건 무얼 말할까. 무엇 때문에 이들은 집 안에 웅크리며 있게 된 걸까.

무엇이 청년들을 방 안에 가둬놓는가 ———

청년들을 방 안에 홀로 머물도록 하는 제1의 원인은 '구직의 어려움'이었다. 이들 중 24.1%가 반복된 구직 실패로 인한 무기력감을 가장 큰 이유로 들었다. 취업을 위해 수십 군데 이력서를 내도 취업에 성공하지 못했다는 것이다. 설혹 취업 시장에 진입하더라도 직장 문화에 적응하지 못한 경우가 많았다. 직장 내 괴롭힘이나 부당한 처우에 대항하기 어려워 직장을 관두고 쉼을 택했다가 이 쉼이 장기화된 사례도 있었다.

사실 이러한 구직의 어려움에는 한국 노동 시장의 이중구조가 자리 잡고 있다. 우리나라의 노동 시장은 크게 둘로 나뉘어 있다. 대기업과 공기업의 정규직 등으로 대변되는 1차 노동 시장과 중소기업과 비정규직으로 구성되는 2차 노동 시장이다. 문제는 1차 노동 시장과 2차 노동 시장 사이의 임금이나 처우 격차가 매우 크다는 데 있다. 1980년대까지는 그렇게 깊지 않았던 대기업과 중소기업 간 임금 격차의 간극이 점점 더 벌어지고 있다. 2022년 평균 임금 기준으로 비교해 봤을 때 중소기업의 임금은 대기업 임금의 66%에 불과할 정도다.

양질의 일자리가 소수에 불과하니 경쟁은 더욱 치열해진다. 경쟁에서 밀려난 청년들이 과업을 수행하지 못했다는 죄책감에 시달리거나 실패했다는 열패감 속에서 쉼을 택하는 경우가 많다. 쉼이 장기화될수록 또다시 어디에도 속하지 못했다는 이유로 '비정상'으로 낙인찍히는 일도 적지 않다. 세상 밖으로 나가고 싶어도 단 한 발자국도 내딛기 쉽지 않은 세상이 된 것이다.

은둔청년들의 문제는 청년층 개인의 문제로만 머물지 않는다. 한 조사에 따르면, 은둔청년들 4명 중 3명에 가까운 꼴로 자살 생각을 한 적이 있었다. 그중 26.7%는 실제 시도한 경험이 있다고 답했다. 적지 않은 숫자가 자살을 생각할 만큼 벼랑 끝에 내몰린 것이다.

벼랑 끝 청년들이 많아질수록 사회도 어려움으로 내몰린다. 우리보다 앞서서 히키코모리 문제를 장기적으로 겪은 일본의 경우를 보면, 최근 8050 문제가 대두되기도 했다. 80대 부모가 50대의 히키코모리 자녀를 부양하는 상황을 말한다. 집 안에서만 숨 쉬던 청년층이 장년층이 되어가며 노년층이 된 부모의 경제적 어려움, 돌봄 부담 증가로 이어진 것이다. 은둔하는 청년의 문제는 이제 청년들만의 고통에서 사회의 고민으로 확장되고 있다.

눈을 낮추면 못 할 게 없다는 충고보다 ———

누군가는 고립된 청년들의 고민에 의문을 품는다. 방 안에 자신을 가둔 건 스스로가 자초한 일 아닌가. **청년들도 다 큰 성인인데 자기 문제는 스스로 해결해야 하지 않나. 질병이나 사고를 입은 것도 아닌데, 의지만 다진다면 언제든 바깥으로 나갈 수 있는 것 아닌가.** 누군가는 '풍요 속의 빈곤'을 지적한다. 한국의 경제 성장기, 거슬러 올라가 그 이전 일제 강점기나 한국 전쟁기를 지났던 장·노년층 세대보다 풍요로운 환경에서 성장하지 않았는가. 처절한 빈곤이나 삶의 고단함을 겪은 적도 없으면서 '배부른 소리'나 하고 있다. 결국 이 논리는 청년의 '나약함', '게으름'과 같은 몇 개의 단어로 귀결된다. 누군가는 이들에게 '노력이 부족하다', '나태하다'는 평가를 건네기도 한다.

정말 청년들은 일하기 싫은 상태, 게으른 상태에 놓인 걸까. 한국보건사회연구원이 고립은둔청년의 취업 의지에 대해 조사한 결과를 보면, 청년 10명 중 8명은 취업을 해서 사회에 진출하기를 원한다. 그러나 일의 경험이 없거나 취업 시장에서 물러난 지 오래되어 다시 일자리에 나가기 두려워하는 경우가 많았다. 또 일이 서툴기 때문에 적응하는 시간이 필요한데, 숙련된 인력을 선호하는 한국의 일자리 특성상 부적응을 겪고 또다시 재고립의 시간을 갖는 청년들도 많았다.

고립되고 은둔하는 청년들에게 흔히 나약하다는 평가를 쉽게 하지만, 생각해 보면 상대적 박탈감은 은둔청년뿐 아니라 누구나 느낄 수 있는 감정이다. 우리나라처럼 성공적인 삶에만 의미를 부여하고 타인의 삶을 위계 서열화하는 곳에서 승자는 일부일 수밖에 없기 때문이다. 특히 서울에 위치한 상위권 대학을 나와 대기업 정규직이나 전문직을 얻은 사람을 표준으로 삼는 시대 아닌가.

이 소수의 승자에 속하지 못한 중소기업이나 비정규직의 숫자가 적지 않음에도 이들은 '성공하지 못한 사람'의 이름표를 갖게 되고 상대적 열패감에 시달리게 된다. 누구를 탓할 수도 없다. 능력주의가 당연한 사회에서는 능력에 따라 강자와 약자 사이의 불평등이 생기는 게 온당하다고 믿기 때문이다.

개인이 생각을 고쳐먹으면 된다고 이야기하는 이들도 있다. 눈을 낮춰서 취업하는 것이 급선무라고 조언하거나 중소기업이나 비정규직에 만족하며 지내라는 이들도 있다. 틀린 조언은 아니다. 일단은 바깥으로 나가서 무슨 일이든 시도하고, 그 시도를 발판으로 삼아 또 다른 도전을 할 수 있기 때문이다.

그러나 개인의 노력으로 역부족인 경우도 많다. 한국에는 엄연히 대기업과 중소기업 간의 큰 임금 격차가 존재하고 직업에 따른 암묵적인 위계 서열을 따지는 문화가 있기 때문이다. 건설 현장직의 화장실을 보장해 주지 않거나 인기 수학 강사가 라이브 방송에서 "공부 못하면 용접 배워서 호주로 떠나야 한다"는 발언을 하는 이면에는 노동직을 존중하지 않는 문화가 자리 잡고 있다. 중소기업을 '좆소'라는 별칭으로 부르는 이면에도 중소기업 직원에 대한 열악한 처우와 비합리적인 일자리 문화가 자리 잡고 있다. 주변의 시선과 불합리한 처우가 불 보듯 뻔한 상황에서 '남들의 시선에 흔들리지 말고, 눈을 낮춰 어디든 일단 취업하라'는 조언은 허구에 가깝게 들린다.

인생의 성패를 단칼에 판정 짓는 사회에서, 도태라는 단어를 손쉽게 내뱉는 세상에서, 삶을 위계 서열화하는 한국에서 청년들은 세상과 멀찍이 떨어져 방에 숨어들어 간다. 어쩌면 그들에게 필요한 건 청년들의 선택이 쉼이나 나약함, 게으름이 아니라는 걸 말해줄 사람 아닐까. 한 발짝씩 나와도 충분하다고 말해줄 시선, 그 시선에 기반을 둔 제도가 간절할지 모른다. 부당한 세상에 아랑곳하지 말고 앞으로 박차고 나가라는 진취적인 조언보다, 재활이나 일상 찾기를 도울 옵션이 더 필요할 수도 있다.

비슷한 처지의 사람들과 공감하고 연대할 기회를 마련하는 것도 고립된 이들을 구하는 새로운 방법이다. 첫머리에 언급한 영화 〈김씨 표류기〉 속 두 김씨의 결말에서 이러한 희망을 찾을 수 있다. 영화는 남녀 두 김씨가 서로의 존재를 발견하고 소통하며 소소한 연대를 맺는 과정을 그린다. 그것이 새로운 삶을 여는 창이 된다.

현실에서도 고립의 경험을 한 청년들이 은둔하는 이들의 새로운 창이 되기도 한다. 은둔청년을 돕기 위해 2024년 설립된 '안무서운회사'라는 독특한 이름의 기업이 있다. 회사의 대표인 유승규 대표는 과거 약 5년간 은둔 생활을 한 경험이 있다. 그는 이 경험을 바탕으로 다양한 서포터즈 프로그램을 개발하고, 은둔 당사자가 되어 콘텐츠를 제작하며 은둔청년과 사회의 연결을 돕고 있다. 이때 같은 경험을 해본 이들이 '은둔 고수'가 되어 고립된 청년들을 돕는 역할을 담당한다. 같은 어려움을 가진 이들끼리 공동생활을 하면서 마음을 열어가는 과정을 함께하기도 한다.

이 회사가 은둔 고수를 모집하며 내미는 문구는 "은둔도 스펙"이라는 말이다. 높은 점수와 자격증을 숨 가쁘게 모아야 스펙으로 인정해 주는 세상에서, 은둔도 스펙이 된다는 말은 능력과 경험의 새로운 지층을 두텁게 만드는 반가운 말이다.

따지고 보면 은둔은 '인생 실패'나 '특이한 삶'을 의미하는 게 아니다. 치열한 경쟁이 존재하는 사회에서는 누구나 입시나 취업 준비, 경력 단절과 같은 삶의 마디에서 사회적으로 고립되는 시기를 만날 수 있다. 불안과 어려움을 가족이나 친구에게도 털어놓기 어려운 시기, 사회적 관계망이 끊긴 시기도 있다. 돌이켜 보면 나 역시 임용 시험을 준비할 때, 코로나19로 집 안에서 지낼 때 사회적 고립을 경험했다. 은둔이 누구나 겪을 수 있는 계절임을 인정할 때 새로운 공감과 연대의 씨앗을 발견할 수 있다.

유튜브에서 고립 청년에 대한 다큐멘터리 프로그램을 봤다. 댓글창이 수백 개의 응원 댓글로 빼곡했다. 그중 은둔 시기를 겪어봤다는 누군가가 댓글을 남겼다. "이 사람들은 나태한 게 아닙니다. 나름의 전쟁터에서 자신과의 전투를 치르고 있는 거예요." 댓글에는 좋아요 하트가 수천 개 눌려있었다.

PART 7.

자존감

자존감
대유행 시대

직장 상사의 폭언으로 마음의 고통을 당한 지인이 있었다. 그의 사연을 들으며 한 개인이 다른 개인에게 퍼붓는 화살 같은 말이, 직장 내의 권위적인 분위기가 한 사람을 얼마나 벼랑 끝으로 몰아갈 수 있는지 깨달았다. 그런데 지인이 얘기 끝에 덧붙인 말이 뜻밖이었다.

"그 사람(상사)의 말에 정신적으로 휘청대는 건 내 탓이야. 멘탈이 약한 내 탓이라고. 내 자존감이 높았다면 이렇게 남의 말에 휘둘릴 일은 없었을 텐데."

어딘가 마음 아픈 해석이었다. 그는 스스로를 탓하고 있었다. 네 잘못이 아니라고 연거푸 말했지만 그는 비슷한 얘기를 반복했다. 집에 돌아와 그의 마지막 말을 떠올려봤다. **자존감이 높았다면**이라는 가정법을.

그가 겪은 문제에는 다양한 층위의 문제가 얽혀있었다. 이를테면 상사가 폭언을 할 수 있는 직장의 구조적 문제, 윗사람에게 쉽게 대항하지 못하는 일터의 분위기, 상사의 잘못된 행위에 대한 동료들의 함구 등이 그 예다. 그럼에도 지인이 자신이 겪는 고통의 주요 원인으로 꼽은 건 '상사의 말에 휘둘리는 나, 그런 나를 만든 낮은 자존감'이었다.

지인의 경우로 한정 지을 필요가 없다. 자존감은 우리를 둘러싼 상황을 설명하는 주요 키워드니까. 인터넷 세상에서도 마찬가지다. 인스타그램에는 '당신의 자존감이 낮은 진짜 이유'를 알려주는 게시물이 성행하고, 유튜브에서는 '자존감 높이는 법을 알려주겠다'는 말을 설파하는 유명인 동영상이 인기를 끈다. 자존감 높은 사람의 특징 및 말투, 진짜 자존감 높은 사람이 누구인지 분석하는 콘텐츠가 그득하다.

자존감이 뭘까. 모두가 알고 있듯 자기 존중감self esteem의 줄임말로, 심리학자 로젠버그의 정의가 가장 유명하다. 그에 따르면 자존감은 "자신의 가치에 대한 긍정적인 평가나 태도"다. 사회심리학자 김태형이 쓴 《가짜 자존감 권하는 사회》에 따르면 1980년대 미국에서 크게 유행한 이 단어가 한국에서는 30여 년쯤 지나서 유행하기 시작했다고 한다. 2016년에는 정신과 전문의 윤홍균 원장의 《자존감 수업》이 큰 인기를 끌었다. 자존감을 높여줄 수 있다는 에세이나 지침서, 유명한 자기계발 강사나 심리학자의 '자존감 높이기 강의'도 흥행했다.

경제적으로 높은 성장을 이루던 20세기에 비해 커다란 성취감을 획득하기 어려워진 청년층이 스스로를 소중하게 대할 처방전으로 찾은 것이 자존감이란 분석도 있다. 그런데 이 자존감 높이기 열풍은 정말 우리의 자존감을 높여준 걸까.

자존감 높이기 교육의 효과 ———

미국의 캘리포니아주에서 흥미로운 교육이 실시됐다. 캘리포니아주의 하원의원 존 바스콘셀로스가 자존감을 사회적 백신으로 여기며 추진한 계획이었다. 1983년에 설립된 '자존감과 개인적·사회적 책임의 증진을 위한 캘리포니아 특별위원회'가 발간한 보고서에 근거한 교육이었다. 이 보고서는 자존감이 각종 폭력과 범죄, 중독을 예방하기 위한 "사회적 백신"이라고 주장했다. 교육에 따라 교사와 학부모는 아이들에게 "네가 최고야"라는 말을 건넸다. 학생들 역시 거울을 보며 "나는 대단한 사람이야"라는 말을 되뇌게 했다. 자존감을 높이기 위해 연간 수십만 달러를 투입한 프로그램이었다.

1980년대 미국까지 거슬러 올라갈 필요도 없다. 당장 구글

창이나 인스타그램 창에 자존감이라는 말을 검색해 보자. 미디어가 거대한 자존감 교육의 창처럼 느껴질 때가 있다. 자존감 높아지는 방법을 다각도로 알려주는 콘텐츠가 가득하다. SNS나 유튜브를 통해 퍼지는 마법의 주문 중 하나는 '스스로를 멋지고 사랑받을 만한 사람으로 생각하라. 그러면 자존감이 높아진다'는 말이다.

여기에서 질문이 솟는다. 자존감을 높이면 삶이 정말 나아질까? 업무 능력 향상, 원활한 대인관계, 직장의 민주적인 분위기가 개개인의 자존감 향상으로 해결될 수 있을까?

의미 있는 연구 결과가 있다. 미국의 사회심리학자 로이 바우마이스터에 의하면 낮은 자존감보다 근거 없이 잔뜩 부풀려져 있는 높은 자존감이 오히려 더 위험할 수 있다. 정확한 현실 지각과 겸손이 갖추어지지 못한 자존감은 엉뚱한 방향으로 흐를 수 있다는 것이다. 자존감을 향상시키기 위한 주문을 외울수록 오히려 자존감이 낮아지고 기분이 나빠진다는 연구 결과도 존재한다.

미국 듀크대학교의 심리학자 마크 리어리 교수의 연구에 따르면 자존감은 괜찮은 삶의 원인이 아니라 이미 충만하고 행복한 삶에서 나온 결괏값에 가깝다. 마음에 들지 않는 조건, 상황에서 "나는 나를 사랑한다"는 말만 외치는 건 공허한 울림에 그치기 쉽다.

앞서 말한 캘리포니아의 자존감 교육 역시 큰 효과를 보지 못했다. 어찌 보면 당연한 얘기다. 스스로의 삶이 만족스럽지 않은 상태에서 억지 긍정을 되뇌면 오히려 이상적으로 생각하는 나와 현실 속 자신과의 괴리가 커질 수 있기 때문이다.

애초에 자존감 대유행이 어디에서 시작되었는지, 온당한 것인지 따져볼 필요도 있다. 자존감 교육을 주도했던 하원의원 존 바스콘셀로스는 1960년대의 인본주의를 근간으로 캘리포니아에 설립된 에설런 연구소의 졸업생이었다. 이 연구소는 진정한 자아 찾기를 강조하는 곳이었고, 바스콘셀로스는 이 자존감 운동의 전도사가 되었다. 그는 "자존감은 사회적 백신"이라며 '자존감 고양'을 시책으로 삼았다.

이러한 분위기가 이어져 1990년대 초반 미국에서는 자존감 유행의 시대가 온다. TV쇼인 〈오프라 윈프리 쇼〉 등을 통해 대중에게 자존감의 중요성이 전파되었고, 자존감은 미국 전역의 학교 및 단체의 교육 목표 중 하나로 자리 잡게 된다. 자세히 살펴보면 자존감 높이기 열풍은 특정한 집단의 과도한 선전에서 시작된 하나의 거대 유행에 불과할 수도 있다는 얘기다.

자존감은 정말 만능 치트키일까 ─────

나를 있는 그대로 사랑하자는 구호는 좋다. 긍정 심리학의 선구자 마틴 셀리그만의 말대로 자존감은 행복하고 만족스러운 삶을 사는 데 필요한 요소 중 하나다. 자기혐오보다는 자기긍정이 삶에 더 큰 원동력을 준다는 걸 모두가 안다. 문제는 과몰입이다. 생의 모든 문제를 풀어낼 수 있는 만능 치트키로 여기고 그것을 잣대로 나와 타인을 판단할 때 새로운 문제가 발생한다.

이를테면 대인관계나 주변의 평가에 휘둘리는 사람을 볼 때마다 그것을 자존감이 낮은 탓으로 돌리는 식이다. 연예인이나 인플루언서의 실수에 큰 비난을 쏟아내며 **자존감이 낮아 저런 식의 행동을 한다**는 분석을 꺼내들거나, 누군가의 고민을 들어줄 때에도 '자존감을 높이라'는 조언을 건넨다.

자존감을 어릴 때 부모의 양육 방식, 애착 등과 관련지으면서 결정론적인 사고방식을 확산시키는 데 영향을 주기도 한다. 한때 어린 시절 부모의 양육 태도가 자존감 형성에 큰 영향을 미친다는 심리학적 발견이 세상에 널리 알려졌다. 그 이후로 자존감이 낮은 원인을 **저 사람은 사랑받지 못했기 때문에 자존감이 낮다**고 단정 짓는 악플이 떠돌아다니기 시작했다.

이런 분위기에서는 다양한 문제의 해법 역시 자존감 높이기로 귀결된다. 자존감을 자기계발의 한 가지 방법으로, 해결 방식으로 생각할수록 이를 활용한 마케팅도 성행한다. 자기계발의 근본적인 문제가 그렇듯 개인이 만날 수 있는 삶의 다양한 문제를 몇 가지 실마리로, 예를 들어 자존감 높은 말투를 구사하거나, 자존감 높은 사람을 따라 하면 해결 가능하다는 암시를 준다.

자존감을 높이는 프로그램을 통해 말투나 마인드셋을 바꾸면서 스스로의 상태를 점검하고 삶을 새롭게 전환할 수는 있다. 그러나 한두 가지의 변화로 승승장구하는 삶이 이어지고 원만한 일상을 꾸릴 수 있다는 것은 일종의 환상과 같다. 자존감이 자기계발과 맞물리면서 광고를 위해 더욱 자극적인 문구를 쓰거나 단정적인 표현을 사용하는 경우도 많다. 인터넷에 공공연하게 떠도는 자존감 낮은 사람의 특징을 접하며 대중은 한 가지 전제를 받아들이게 된다. 자존감이 낮으면 대인관계에 실패할 가능성이 높고, 원하는 바를 성취할 수 없으며, 타인에게 무시당하는 인생을 살게 될 거라는 사고방식이다.

가장 큰 문제는 자존감이라는 말 아래 상황의 다양한 면면이 묻혀버린다는 것이다. 구조적 부분에 변화가 필요하거나 여러 명이 연대하여 해결해야 하는 문제가 있음에도 불구하고 개인의 자존감으로 문제를 단순화시킴으로써 결국 '개인이 변해야 한다'고 부르짖게 된다. 이처럼 돌고 돌아 개인에게 화살이 돌아오면 피해자 역시 '자존감 낮은 나'를 탓하며 움츠러드는 경향이 있다. 그 결과 취약한 위치에 놓인 사람들이 사회적 구조나 타인을 탓하지도 못하고 자기 자신을 탓하게 된다. 첫머리에 지인의 이야기에서 살펴봤듯 말이다.

자존감은 우리 인생의 많은 부분을 결정하는 중요한 지표임에 틀림없지만 전부를 결정하는 요소가 될 수 없다. 그 누구의 사연도 그렇게 쉽게 설명될 수 없다. 누군가의 행복과 성취, 관계 맺기 방식, 기쁨과 슬픔을 자존감이란 말로 단칼에 꿰어버리지 말자. 세상이 복잡다단하듯, 개인 역시 마찬가지다. 개인이 품고 있는 다채로운 맥락과 이면을 간과할수록 손쉽게 판단하고 화살 같은 말을 날릴 수 있다. 자신에게도, 타인에게도.

자존감과
쓸모의 사회

도서관 강연을 갔을 때의 일이다. 당시 강연을 들으러 온 이들은 40~60대에 이르는 중장년층이었다. 그날 강연 주제는 구두와 자아 정체성이었다. 자아 정체성에 대한 풀리지 않는 고민 얘기를 나누다 보니 모두의 사연을 꿰뚫는 공통 주제가 있었다. **사회적 쓸모**라는 단어였다. 전업주부인 한 여성은 스스로가 육아나 살림 말고 나가서 일을 해야 한다는 압박을 느끼고 있었다. 직장에서 30년을 근속하고 퇴직한 지 얼마 되지 않은 분도 주변에서 "슬슬 밖에 나가서 뭔가 해야지"라는 조언을 들었다. 그에게 이 얘기는 '바깥에 나가 뭐든 쓸모 있는 일을 해야지'라는, 변형된 말로 들렸다. 프리랜서 강사로 활동하다 코로나19 이후 일이 끊겨 취미생활을 즐기고 있다는 한 분도 솔직히 고백했다. 취미생활이 즐겁지만, 다시 경제적 활동을 해야 할지 고민이라고. 삶의 즐거움과 사회적 쓸모의 증명 중 하나를 양자택일해야 할 것 같다고.

　고민의 행렬 속에 나 역시 사회적 쓸모에 대한 압박에 시달렸던 기억이 났다. 글쓰기를 처음 시작했던 때의 일이다. 당시 나는 남편을 따라 해외에서 지내며 육아와 살림을 도맡아 하는 중이었다. 아이를 기르며 요리와 청소를 담당하는 게 당시 나의 주요한 일이었다. 여기에 글쓰기라는 새로운 일상이 시작된 셈인데, 가장 괴로운 건 창작의 고통 따위가 아니었다. 주변의 질문과 조언이었다. 글쓰기를 하고 싶다는 얘기를 꺼내자마자, 최측근으로부터 **왜 그렇게 쓸모없는 일을 하느냐**는 얘기를 들었다. 다른 지인은 **너는 사는 게 여유로운가 보다**란 무심한 한마디를 던졌다. 악의가 담긴 말은 아니었다. 그러나 '쓸모'나 '여유'라는 단어가 내 마음을 가볍게 찌르곤 했다.

　흥미로운 점은 책을 한 권 출간해 저자라는 타이틀이 붙자 조언의 빈도가 놀라울 정도로 줄었다는 사실이다. 내가 동네 커피숍이나 집 거실에서 노트북을 꺼내 글을 써도 누구도 더 이상 말을 덧대지 않았다. 다만 이번에는 다른 방면의 조언과 질문이 쏟아지기 시작했다. **책 쓰기로 돈을 벌 수 있느냐**는 질문이었다. 돈이 될만한 글을 쓰라거나 웹 소설 작가로 활동해 보라는 이색적인 권유도 이어졌다.

　질문과 조언은 다양했으나 당시에도 그 방향은 한 가지로 모아졌다. 바로 사회적 쓸모였다. 그것이 직업이든 특기든 취미든 쓸모가 있어야 한다는 원칙이 밑바탕에 깔려있었다. 고백하건대 나 자신도 크게 다르지 않았다. 글쓰기를 하는 내내 가벼운 자책감에 시달리곤 했다. 당시에는 글쓰기로 눈에 보이는 수익이 없었으니 더욱 그랬다. 돈도 되지 않고 자기계발과 관련 있지도 않은, 한마디로 쓸모에 부합하지 않는 일을 하고 있다는 자책감이었다. 글쓰기를 시작한 지 한참 후에도 그런 생각이 이어졌다.

가끔은 쓸모라는 두 음절의 단어를 나의 가치와 연결해 생각해 보기도 했다. 쓸만한 가치, 쓰임새가 있는 것, 유용한 가치를 나는 지니고 있는가. 따지고 보면 글쓰기도 텍스트로 산출된 결과물을 만드는 행위이므로 분명 나름의 쓰임과 가치가 있는 일이었는데도, 저자라는 타이틀을 얻기 전까지 내 글쓰기는 쓸모에 부합하는 가치로 취급받지 못했다.

자본주의 사회의 쓸모에 대하여 ———

자본주의 사회에서 '쓸모'는 단순히 물건이나 서비스의 기능적인 측면을 넘어 시장에서의 가치를 의미한다. 사람들이 특정 상품에 얼마나 많은 돈을 지불할 의사가 있는가에 따라 상품의 쓸모가 결정된다. 이 자본주의의 원리 아래에서는 개인도 그 유용성에 따라 가치를 따져볼 수 있다. 노동 시장의 수요와 공급에 의해 개인의 임금이 결정되기 때문이다. 이 때문에 많은 이들이 연봉이나 수익 같은 구체적인 숫자에 관심을 갖게 된다.

같은 맥락에서 개인의 취미나 특기, 자기계발 역시 사회적 쓸모와 관련 있는 게 좋다는 통념이 널리 퍼졌다. 영어 회화든 독서든 궁극적으로 그 행위가 노동 시장에서 얼마나 높은 가치를 갖느냐와 관련지어 생각하는 이들이 많다. 이때 해당 활동 또는 그 결과로 나온 산출물은 화폐로 환원되어야 가치를 인정받는다.

그 결과, 당장 수익이 발생하지 않는 글쓰기에는 '쓸모없다' 라는 말이 붙기 쉽다. 자신의 몸값을 높이기 위해 관련된 취미나 특기를 즐기는 것은 당연하다 여기지만, 그에 속하지 않는 활동은 '여유로운 사람이 하는 일'로 치부되기 쉽다.

물론 쓸모가 인정된다고 해서 모든 게 해결되는 건 아니다. 그 다음 효율성의 단계가 있으니까. 경제학에서는 '최소의 비용으로 최대의 이윤을 창출할 수 있는가'라는 효율성의 원칙을 중요시한다. 내가 책을 낸 후 들었던 '돈이 될만한 글을 써라' 내지는 '웹 소설 작가로 활동해 보는 건 어떻냐'는 조언도 이런 맥락에서 이해해 볼 수 있다. 어차피 애를 쓰고 끙끙대며 활자를 만들 바에야 팔리지 않는 책 대신 더 큰 수익을 낼 수 있는 일에 주력하라는 조언은 이런 효율성의 원칙에서 탄생한 것이다.

집에서 논다는 그 얘기 ———

굳이 다른 사람들의 조언까지 옮겨갈 것도 없다. 내가 가진 생각도 크게 다르지 않았으니까. 전업주부 생활을 할 당시 누구도 내게 '네 사회적 쓸모는 무엇이냐'는 질문을 대놓고 하지 않았다. 채근하거나 닦달하는 눈빛도 없었다. 해외생활을 하다 보니 "팔자 좋은 여자"라는 이야기는 종종 들었다. 그러나 직업의 세계, 그러니까 매일 출퇴근을 하고 매달 월급을 받던 세계에서 멀어진 채 몇 년을 지내다 보니 묘하게도 자괴감이 솟았다. '내가 밥값을 하지 못하는 건 아닌가?'라는 질문을 던지게 된 것이다.

육아와 살림도 나름의 사회적 가치를 지닌 일이라는 걸 머리로는 알았다. 나의 쓸모를 함부로 저울질하는 것이 옳지 않다는 사실도 알고 있었다. 그럼에도 시장에서의 가치에 발 딛지 않은 내 삶이 쓸모와는 크게 관련 없는 것처럼 느껴졌다. 결국 모든 질문은 자존감이라는 답에 닿았다. '내 자존감이 쓸모에서 솟은 것이었나?' 이 자괴감이 이어지자 나는 매일 스스로에게

'너 자신은 현재 사회적 쓸모가 있느냐'는 질문을 던지곤 했다. 직장에 다닐 때는 출근만 하지 않으면 몸이 편할 거라 생각했는데, 정작 출근을 하지 않자 내가 쓸모없는 사람이 된 건 아닐까 생각하게 되었다. 어쩌면 내가 세상이 보기에 무용無用한 사람일 수 있다는 감각, 그것이 고통으로 다가올 때도 있었다.

이 자괴감은 종종 '돈을 벌고 싶은 욕구'로 이어졌다. '매일 사무실에서 복사만 해도 좋으니 한 달에 50만 원만 벌고 싶다는 욕구였다. 중동에서 생활할 당시 남편의 수입이 적지 않았음에도 이 마음이 불현듯 찾아오곤 했다.

세상이 전업주부에게 보내는 멸칭이나 비하 표현의 이면에도 이 사회적 쓸모의 원칙이 숨어있다. 물론 주부의 일을 존중해주는 주변인들도 많다. 반대로 전업주부에게 '집에서 노는 사람', '쉬는 사람'이라는 전제조건이 따라붙은 말을 하는 경우도 많다. "남편 돈으로 생활하니 얼마나 좋냐", 내지는 "집에서 쉬니 팔자 좋은 여자다"라는 이야기를 넌지시 던지는 사람들도 흔하다. 이런 분위기 탓에 주부들도 아이가 어릴 때는 불가피하게 일을 하지 않지만 초등학교 고학년만 되어도 '밖에 나가서 경제생활을 해야 한다'는 압박감에 시달린다.

전업주부와 같이 노동을 하면서도 노동하지 않는 사람으로 대접받는 이들을 설명하는 개념이 있다. 오스트리아 출신의 철학자 이반 일리치가 말한 그림자 노동shadow work이라는 용어다. 일에 대한 정당한 대가를 받지 못하는 '숨겨진 일자리'라는 뜻이다. 그림자 노동의 기원은 산업화 시기까지 거슬러 올라간다.

산업화 이전에는 자급자족적인 삶을 살며 가족 구성원 모두 생산에 참여하는 것이 기본 구조였다. 산업화 이후 임금 노동이 생계를 유지하는 주된 수단이 된다. 임금 노동을 맡게 된 것은 남성이었다. 남성이 임금 노동을 유지하기 위해서는 가정에서의 재충전과 지원이 필요했다. 즉 누군가는 식사를 차리고 설거지를 하며 가정의 청결을 위해 집을 구석구석 닦고 걸레질을 해야 했다. 옷을 깨끗이 빨고 그 옷을 착착 개어놓을 누군가가 필요했다. 그 역할을 여성이 담당하게 되었다.

산업사회의 자본가는 임금 노동에 대한 대가만 치를 뿐 부차적이라 생각하는 가사 노동에까지 임금을 지불할 의사가 없었다. 최대의 이윤 획득이 그들의 최우선 목표였기 때문이다. 이에 따라 가사 노동과 같은 무급 노동은 존재하지만 존재하지 않는 듯 숨 쉬는, '그림자 노동'으로 자리 잡게 된다. 이 과정에서 임금을 따로 받거나 출퇴근을 하지 않는다는 이유로 가사 노동은 저평가되기 시작한다. 시장에서 거래되는 것을 화폐 가치로 환원하는 자본주의의 자명한 논리 아래에서 여성의 가사 노동은 '집에서 노는 것'으로 취급받기 시작했다.

고용 통계 역시 이 오래된 규칙을 반영한다. 국가에서 실업률과 경제활동 인구를 구할 때 가사 노동을 하는 전업주부는 학생이나 노인, 장애인 등과 함께 '비경제활동인구'에 포함된다. 일할 능력과 의사가 있음에도 불구하고 현재 경제활동에 참여하지 않는 사람을 의미한다. 국가의 경제 규모 지표인 국내총생산을 구할 때도 마찬가지다. GDP는 대부분 전업주부의 경제적 가치는 시장 가치로 매기지 않으니 아예 지하화되어 있는 셈이다.

여성정책연구원은 여성의 가사 노동이 가지는 가치를 임금 노동자의 시간당 평균임금으로 계산하면 월 300만 원이 넘는 것으로 추산했다. 그러나 이 노동의 가치는 그저 추산일 뿐이다. 사회에서 쓸모를 인정받지 못한다고 여기니, 같은 여성끼리 입장 차이가 생길 때도 있다. '나가서 일하는 여성'과 '그렇지 않은 여성' 사이에 쓸모의 기준을 두고 서로 대립하거나 양분하는 일이 벌어진다. 전업주부와 워킹맘 중 어떤 역할이 더 버겁고, 어떤 역할이 더 가치 있는지 다투기도 한다.

이러한 논의는 대부분 불행 배틀에 머물 뿐이다. 쓸모를 둘러싼 고민에 대해서는 큰 관심이 없다. 여성의 가사 노동에 어떤 보상이 가능한지 질문할 차례지만, 당사자들조차 사회가 이야기하는 쓸모의 잣대를 들이대는 것이다. 때로는 이것이 '맘충'이나 '설거지론' 같은 멸칭과 비하로 귀결되기도 한다. 맘충은 자신의 아이를 과도하게 보호하거나, 다른 사람에게 피해를 주는 행동, 그러니까 공공장소에서 소음이나 민폐 행위, 타인에 대한 배려 부족을 일삼는 엄마를 비하하는 표현이다. 특정 행동을 하는 일부 엄마들을 비하하는 표현이지만, '전업주부'라는 정체성과 연결되어 부정적인 이미지를 확산시키는 데 일조하기도 한다. 아이만 기르다 보니 시선이 편협해져 주변에 민폐를 끼치는 것도 아무렇지 않게 여긴다는 의미가, 맘충이란 단어에 내포되어 있다.

'쓸모'라는 고민의 기원 ─────

사회의 구성원으로서 제 역할을 하면서 자아실현을 하고 싶다는 욕구를 품는 건 자연스러운 일이다. 미국의 심리학자 아브라함 매슬로우가 제시한 욕구의 5단계 이론에 따르면, 인간이 가질 수 있는 욕구 중 가장 상위에 있는 것이 존경 욕구와 자아실현 욕구다. 존경 욕구는 다른 사람에게 인정받고 존경받고 싶은 욕구다. 사회적으로 쓸모 있는 사람이 되어 다른 사람들에게 기여함으로써 인정과 존경을 얻고자 하는 마음을 일컫는다. 자아실현 욕구는 자신의 잠재력과 재능을 최대한 발휘하여 자기

발전을 이루고 싶은 욕구를 말한다. 사회적으로 의미 있는 일을 통해 자신의 능력을 발휘하고 사회에 기여함으로써 자아를 실현하고자 하는 바람이 여기에 해당될 것이다.

쓸모에 대한 의문은 때로 욕구보다 불안에 발 딛고 만들어진다. 미국의 사회학자 리처드 세넷은 저서 《뉴캐피털리즘》에서 시간이 갈수록 쓸모없다는 자책감에 시달리는 이유를 사회의 변화와 관련지어 밝힌다. 20세기의 산업사회에는 관료제나 피라미드형 조직이 있었다. 자본주의 사회는 불안정하지만, 관료제 조직은 개인에게 합리화된 안정을 안겨줬다. 대다수의 업무가 규정된 절차에 따라 이루어지기 때문에 예측 가능하고, 누구나 동일한 기준으로 업무를 처리할 수 있다. 오랫동안 근속하면 자연스럽게 승진하고 호봉과 연봉이 올라간다. 이것이 관료제의 특징이다.

그러나 4차 산업혁명 시대를 맞아 디지털 기술이 빠르게 발전하면서, 관료적인 의사결정 체계는 민첩한 변화에 적응하기 어려워졌다. 관료제는 점차 사라졌고, 새로운 자본주의가 들어서기 시작했다. 기업은 구조조정을 하고 기술혁신을 이루었다. 이제 관료제 조직 대신 중간층이 줄어든 조직이 등장했다. 기존의 일자리는 저임금 개발도상국으로 옮겨가고 노동의 유연화도 이루어졌다. 이런 상황 아래에서는 누구나 자본주의 사회에서 쓸모없다는 판정을 받고 퇴출될 위기에 처하게 된다.

급변하는 세상에서 살아남으려면 끊임없는 자기계발만이 답인 것처럼 보인다. '사회에서의 퇴출을 피하기 위해 교육과 교양을 갖춰야 한다'는 해법만이. 그러나 이 역시 새로운 기술이 발달하고 조직이 변하면 퇴출될 수 있다는 불안을 저변에 깔고 있는 것이기에 불안정하다. 새로운 자본주의에서 지금 내가 가진 지식과 숙련성이 어느 순간 '쓸모없음'이 될지도 모르기 때문이다.

이런 사회에서는 경제활동을 통해 돈을 벌지 못하는 사람들은 '쓸모없다'는 자괴감에 시달리게 된다. 때로는 주변으로부터 무시당하거나 조롱거리가 되기도 한다. 직장생활을 벗어나 불안정한 일을 하는 건 고용 수준과 국내총생산을 떨어뜨리는 행위로 생각되기 때문이다. 예외는 없다. 장애로 일을 하지 못하거나 오랫동안 취업을 하지 못한 사람들, 조기퇴직자 등은 모두 자신의 이름을 잃은 상태에서 새로운 고민에 빠지게 된다. 원하는 꿈을 향해 가고 있지만 경제적 자립을 이루지 못한 사람도, 심지어 사회적 소속이나 고정적인 수익이 있어도 **내가 쓸모없는 존재는 아닐까**라는 질문에 시달린다. 평범한 회사원조차 자기계발에 소홀하거나 끊임없이 성장하고 있다는 생각이 들지 않으면 불안이 불쑥 고개를 들이민다. 취미생활 역시 자기계발이나 수익으로 연결되지 않으면 '쓸모없는 일에 시간만 낭비하고 있는 건 아닌가' 하는 생각으로 이어진다.

쓸모없음의 쓸모 ———

무용지물無用之物이라는 말이 있다. 말 그대로 쓸모없는 물건을 의미한다. 고장 난 기계나 쓰임이 끝난 물건을 표현할 때 사용하는 부정적 말이다. 여기에서 마지막 한 글자만 바꾸면 무용지용無用之用, 장자의 철학 중 핵심 개념이 된다. '쓸모없는 것의 쓸모 있음'이라는 뜻으로 겉보기에는 쓸모없어 보이는 것들이 오히려 큰 쓸모를 가질 수 있다는 의미를 담고 있다.

장자는 하나의 일화로 쓸모없음의 쓸모를 역설한다. 목수인 장석이 제나라로 가는 길에 큰 사당 앞에 거대한 상수리나무가 서있는 것을 발견한다. 수천 마리의 소를 덮을만한 크기에, 백 아름 넘는 둘레를 가졌으며, 위에서 산을 내려다볼 만한 높이의 나무였다. 그러나 목수였던 장석은 거들떠보지도 않고 지나간다. 상수리나무로 배를 만들면 가라앉고, 관을 만들면 썩고, 그릇을 만들면 깨지고, 기둥을 세우면 좀먹기 때문이다. 재목이 못 되고 쓸모가 없기에 상수리나무가 오래 살고 있다고 그는 생각한다.

하루는 장석의 꿈에서 상수리나무가 나타나 말한다.

"너는 무엇을 쓸모 있음이라 여기느냐? 내가 쓸모 있는 나무였다면 벌써 베어져 사라졌을 것이다. 나는 쓸모가 없었기에 이토록 오랫동안 살아남을 수 있었다."

우리는 사회적 쓸모에 큰 의미를 두고, 때로는 그것을 위해 인생의 중요한 경로를 택하지만, 사실 이 쓸모란 지극히 협소한 개념일 수 있다. 눈에 보이는 결과와 이익에만 치중하기 때문이다. 이야기 속 상수리나무 역시 목재로서의 가치는 없다. 그러나 이 나무는 그 자체로 오랜 시간 살아남아 자연의 일부로서 존재한다. 다른 생명에게 그늘을 제공하고, 아름다운 풍경을 만들어내는 등 다양한 방식으로 세상에 기여한다.

장자가 이야기한 '쓸모없음의 역설'은 21세기의 복잡한 자본주의 사회에서, 지나치게 이상적인 얘기일까. 그렇지만은 않다. 미국의 인류학자 데이비드 그레이버는 2013년 한 잡지에 흥미로운 글을 올렸다. 불쉿잡Bullshit Job에 관한 짧은 글이었다. 직업이라는 단어에 '빌어먹을', '엉터리'라는 뜻의 수식어를 붙인 것이 흥미롭다. 그레이버는 불쉿잡을 "존재 자체가 불필요하거나, 혹은 그 존재를 정당화할 수 없을 정도로 무의미한 일"이라고 정의

했다. 조직에 반드시 필요하지 않은 형식적인 서류를 하루 종일 작성하는 직업, 실적과 상관없이 직원들을 감시하고 통제하는 업무 등이 이 불쉿잡에 해당한다.

놀랍게도 이 글에는 많은 공감의 댓글이 달렸다. 어떤 이들은 자신의 직업이 얼마나 가치 없으며 쓸모없는 일인지 토로했다. 직업으로 인해 공허감이 온다는 사실을 고백한 이도 있었다. 실제 여론조사 업체에서 영국인을 대상으로 '당신의 직업은 세상에 의미 있는 기여를 하는가'라는 질문을 던지자 37%는 아니라고 대답했다. 네덜란드에서도 노동자의 40%가 자신의 업무가 반드시 존재해야 할 뚜렷한 이유가 없다고 응답했다.

불쉿잡은 자본주의 사회에서 일컫는 '쓸모'의 가치를 전복시킨다. 겉으로는 번듯해 보이고 자본주의 사회에서 돈을 버는 직업이지만, 실제 사회적 가치를 창출하지 못하고 시간만 때우는 일이 존재할 수 있다. 반대로 사회에 꼭 필요하거나 가치 있는 일임에도 쓸모없다는 오해를 받는 직업도 있다.

통념 속 사회적 쓸모는 지극히 좁은 의미를 지니고 있다. 개인의 능력과 가치에 비례하지 않는다. 어두운 새벽 길거리의 쓰레기를 쓸어 담는 일, 집 안의 빨래를 바지런히 개거나, 거동이 불편한 누군가를 돌보는 일 등은 얼핏 보면 사회적 쓸모로 제대로 대접받지 못하는 경우가 많다. 숫자로 환원되지 않는 쓸모와 가치를 찾아내는 것, 타인을 쓸모로 함부로 폄하하지 않고 인정해 주는 것, 이 모든 일은 거창한 일은 아니지만 귀한 시도다.

세상이 정한 쓸모에 저항하고 유용성에 맞서는 질문을 던질 필요도 있다. "나는 쓸모없는 사람일까?"라는 질문을 "세상의 쓸모는 누가 정한 걸까?"라는 물음으로 바꿀 때, 비로소 숫자와 쓸모의 세계에서 한 발 벗어날 수 있다.

PART 8.

공감

"너 T야?"라는
말에 담긴
해묵은 논란

열한 살 난 초등생 아이가 어느 날 짧고 강력한 질문을 던졌다. "엄마는 T야?" 초등생까지 이렇게 말할 정도니 널리 유행하는 질문임에 분명하다. 모임에서 만난 사람도, 직장 동료끼리도 가끔씩 비슷한 질문을 건네곤 한다. "너 T야?"

T는 암호가 아니라 MBTI의 분류 유형 중 하나로, 사실을 기반으로 이성적 사고를 주로 하는 사고형thinking을 뜻한다. 반대 지표는 F, 감정형feeling이다. 질문의 핵심은 상대가 사고형이냐, 감정형이냐를 알아내는 데 있지 않다. 상대의 말에 반응하고 공감할 수 있는 사람인지 판가름하는 일종의 밈과 같은 말이다.

MBTI의 사고형은 합리적인 사고나 분석력을 바탕으로 문제 해결 능력을 발휘한다고 알려져 있다. 그러나 세간의 평가에 따르면 그 문제 해결이 독이 될 때가 있다. 타인의 고민에 위로나 공감보다는 문제 해결을 위한 냉정한 충고를 한다고 알려져 있기 때문이다. 가령 자동차 사고가 나서 전화를 한 상대에게 감정형은 "어디 다친 데 없냐. 놀라지는 않았냐"고 온기 섞인 말을 하는데 비해, "보험회사는 불렀냐"며 문제 해결의 방향을 물어보는 눈치 없음을 장착했다고 한다. 다시 말해 **공감능력이 떨어진다**는 얘기다.

T 유형에 속하는 데다, 태생적으로 반응이 무덤덤한 나는 공감능력이 부족하다는 얘기를 이따금 들어왔다. 한번은 이런 일도 있었다. 직장 동료가 다른 동료 뒷담화를 하는데 아무래도 뒷담화의 대상을 악인惡人으로 몰아가는 것까지는 아닌 것 같아서 가만히 못 들은체하고 있었다. 내게 돌아온 말은 **눈치 없이 너는 왜 공감 못 하냐**는 핀잔이었다.

굳이 MBTI를 언급하지 않더라도 공감능력은 여기저기에서 주요한 화두가 되는 중이다. 사회가 다원화되고 복잡해진 데다, 사람 사이의 만남도 늘었기 때문이다. 인스타그램이나 페이스북, 유튜브 댓글을 통해 지구 반대편 사람과도 이야기를 나눌 수 있는 시대다. 다른 사람과의 관계를 이해하고, 누군가의 감정을 읽을 줄 아는 고도의 능력을 갖추는 게 필수처럼 여겨진다. 그러나 모든 현상이 그렇듯 이 다양한 층위의 만남에도 빛과 그림자가 있다. 협력의 가능성만큼 아웅다웅 다투는 일도 늘었다. 낯설고 이질적인 상대를 만나는 일이 잦아진 만큼 새로운 감정도 휘몰아치게 된다. 차별과 혐오라는 감정이다.

그래서 많은 이들이 꺼내든 답이 공감이다. 그들은 사람과 사람 사이를 가로막는 장벽 같은 말을, 공감이라는 뜀틀로 훌쩍 넘을 수 있을 거라는 믿음을 전한다. 한편으로는 이 두 음절의 단어에 의문을 품게 된다. 정말 공감이 우리의 구원이 될 수 있을까.

마음의 공명은 어떻게 일어날까 ———

공감은 쉽게 말해 '타인의 입장에서 세상을 경험하는 행위'를 말한다. 우리는 쉽게 타인의 처지에 공감한다. 친구가 어렵게 꺼낸 고민에 함께 빠져들어 같은 입장에 놓인다. 감동적인 사연을 보면 마음이 동화되어 눈물을 흘리기도 한다.

이 '마음의 공명 작용'이 가능한 이유가 뭘까. 신경학적인 측면에서 밝혀진 답이 있다. 1980년대 이탈리아 파르마대학교의 신경과학 연구팀이 발견한 거울 뉴런mirror neuron이라는 것으로, 다른 사람의 행동을 관찰할 때 활성화되는 우리의 특수한 뇌세포를 말한다. 거울이 그렇듯 상대방의 행동을 바라만 보아도 마치 내가 그 행동을 하는 것처럼 동일하게 뇌가 반응한다고 해서 붙은 이름이다.

TV나 영화 속 슬픈 장면에서 주인공이 눈물을 흘리거나 꺼이꺼이 울면 내 감정이 요동치고 나도 모르게 따라 울 때가 있다. 생각해 보면 '주인공이 화면 속에서 우는 장면'은 시각 정보에 불과하다. 느낌도 의미도 따라붙지 않는다. 그렇지만 인간의 거울 뉴런은 운동과 감각적 이미지를 결합하여 감각 체계가 포착해 낸 신호에 의미를 부여하고 해석한다. 학계에도 이견은 있지만 몇몇 과학자는 이 거울 뉴런이 공감이나 연민과 같은 감정의 생물학적 기초를 형성한다고 말한다.

거울 뉴런 덕분에 우리는 타인의 감정에 정서적으로 반응할 수 있다. 그러나 앞서 말한 거울 뉴런에 기초한 공감은 우리의 신경에 내재된 자동적 공감능력이라 볼 수 있다. 자동적이라면 공감은 우리의 노력 여부와 관련 없는, 선천적 능력인 걸까? 이 타고난 능력이 떨어지면 공감능력도 떨어지는 걸까?

다행히도 정서적 공감능력 외에도 공감의 다른 영역이 있다. 인지적 영역이다. 가령 타인이 고통이나 슬픔에 빠져있을 때 그 감정을 오롯이 느끼지 않아도 상대가 고통 속에 있다는 것을 추론하여 이해할 수 있다고 한다. 머리로 사고함으로써 얻는 공감의 영역인 것이다.

인지적 공감은 인간 진화의 산물에 가깝다. 먼 옛날 인간은 다른 포유류에 비해 허약했다. 물리적 힘도 약했고, 특출난 달리기 실력조차 갖추지 못했다. 각 개체가 따로 떨어져 살다가는 다른 동물에게 잡아먹히거나 굶어 죽기 쉬웠다. 각 개체가 고립되어 생활하는 건 그 자체로 위험한 일이었다. 이때 인류가 찾은 것이 공감능력이다. 여럿이 함께 있을 때 생존 가능성이 훨씬 더 높기에 인간은 무리를 이루어 협력하며 살았다.

이런 맥락에서 수십 년 동안 영장류들의 사회적 관계를 연구한 영장류학자 프란스 드 발은 공감이 인간의 생존과 사회생활의 핵심이라고 보았다. 공감능력이 있기에 인간은 타인의 마음을 읽을 수 있다. 타인이 어떤 생각을 하고 어떤 감정을 느끼고 어떤 방식으로 행동할지 짐작해야 상대에 대한 대처방법도 떠올릴 수 있었던 것이다. 적과 아군을 가리는 것도 중요했다. 상대가 협력할 수 있는 존재인지 적대해야 하는 존재인지 판단해야 생존에 유리했다. 아무리 고립된 생활을 좋아한다 할지라도 인간은 무리에서 떨어지면 불안과 위협을 느낀다. 사람은 자연스럽게 타인의 감정을 알아채고 반응하도록 진화했다는 것이 이들의 이론이다.

인지적 공감의 영역은 우리에게 새로운 힌트를 준다. 많은 이들이 사람들이 서로 미워하는 마음을 고쳐먹고 선하게 살면 저절로 도덕적이 될 거라 생각한다. 그 선한 마음으로 보편적 도덕이 실현될 거라 믿는 이들도 있다. 그러나 어쩌면 공명은 '마음'에서만 일어나는 일이 아닐 수도 있다. '머리'로 생각해야 가능한 일인지도 모른다.

공감은 정말 모든 걸 해결할까 ———

타인에게 감응하는 '마음'의 한계를 지적한 이들은 이미 많다. 《타인의 고통》의 저자 수전 손택도 그중 하나다. 그는 타인이 고통받는 모습을 보며 느끼는 우리의 연민이란 감정이 일시적일 수 있음을 지적한다. 연민은 쉽게 휘몰아쳤다가 사그라지곤 한다. 당장 출근길에 포털에서 전 세계에서 일어나는 전쟁과 테러, 빈곤의 장면이 담긴 이미지를 볼 때 마음에 떠오르는 감정만 살펴봐도 그렇다. 기사를 본 당시에는 안타까운 마음이 일어난다. 물론 선한 마음에서 나온 감응이다. 그러나 감정은 흘러가게 마련이다. 그 연민은 금세 시들해지기 쉽다. 행동으로 이어지기도 어렵다. 특히 이미지로 박제된 타국의 비극은 우리와는 먼, 가난한 나라에서 벌어지는 일이라고 착각하게 만들고, 우리는 이런 고통을 겪지 않아도 된다는 안도감으로 뻗어나간다. 결국 비슷한 일이 벌어지면 외면하거나, 나와 상관없는 일이라는 무관심으로 일관하게 된다.

《공감의 배신》을 쓴 저자이자, 예일대학교 심리학과 교수 폴 블룸의 이야기대로 공감이 늘 온전한 답은 아닐 수도 있다. 우리가 서로에게 진심으로 공감한다고 해서 모든 혐오나 비난, 범죄나 폭력이 사라지지는 않는다. 공감이 곧 도덕의 근원이고 모든 걸 해결하는 만병통치약이 아니란 얘기다.

폴 블룸이 대신 내민 것은 이성이다. 그는 우리가 타인의 처지에 공감하는 데 마음 쏟지 않아도, 객관적이고 공정한 도덕성을 발휘할 수 있다고 말한다. 오히려 공감해야 한다는 압박감을 내려놓을 때 누군가의 편을 들지 않고 어떤 행동이 도덕적인지 아닌지를 제대로 판단할 수 있다. 즉 감정의 영역이 아니라 인지적 능력을 향상해야 타인의 맥락을 이해하고 시뮬레이션을 돌릴 수 있다.

중요한 것은 타인에게 마음을 쏟으려 애쓰기보다 타인의 고통에 대해 더 깊이 생각하고 배우고 참여하는 것일지도 모른다. 우리가 사고의 영역이라 부르는 그것. 나 아닌 타자를 연구하고 고려하고 의도적으로 배려하려고 노력해야 비로소 공감에 이를 수 있을지도 모른다.

"공감능력이 문제"라는 말 ──────

몇 년 전 부동산에 심취했던 적이 있다. 청약에 연거푸 떨어지고 내 집 마련에 실패했을 때였다. 가만히 있어서는 안 되겠다는 생각이 퍼뜩 들었다. 내 집 마련이라는 중차대한 사명을 끝내기 위해서는 정보 수집이 필수라는 생각에 빠졌다. 부동산 고수들의 블로그나 관련 사이트를 들락거렸다. 부동산에 관심 있는 이들의 커뮤니티에 들어가서 다양한 의견을 접수하는 게 먼저라고 생각했다.

가입하고 보니 확실히 부동산에 관한 한 정보의 보고였다. 한 사람이 특정 지역 부동산에 대한 의견을 달면 다른 이들이 응수하고, 한 사람이 부동산 정책 얘기를 꺼내면 다채로운 의견이 줄줄이 달렸다. 매일 들어가 게시물을 훑고 검색했다. 자연스럽게 얻게 되는 정보가 있었다. 각 지역의 대장 아파트(해당 지역이나 동네에서 가격이 가장 높거나 미래 가치가 가장 높은 아파트)라든가, 특정 아파트 단지에 대한 정보 같은 것들을 습득했다.

이곳을 자주 들락거릴수록 내 머릿속에 기이한 현상이 생겼다. 세상의 다양한 일들을 부동산이라는 프리즘으로 살펴보기 시작한 것이다. 가령 선거철이라면, 정치인 A가 시장이나 국회의원이 되면 그가 실행할 아파트 정책에 따라 주택 시장이 어떻게 변할지가 먼저 그려졌다. B 지역에서 흉악 범죄가 일어난다는 건 해당 지역의 부동산이 하락할 수 있다는 얘기로 들렸다. 연예인 C의 열애설보다 사진에 나온 그가 사는 고급 아파트가 눈에 들어왔다. 내 머릿속 세상만사가 전국의 아파트 매매 값과 전세 값으로 귀결되기 시작했다. 각종 정보 수집이 가능하니 긍정적인 현상이기도 했지만 한편으로는 사고가 한 방향으로 편향되는 걸 느꼈다.

내 집 마련 이후 해외에 나가 살게 되면서 해외 생활 관련 커뮤니티에 몸담게 되었고 자연스럽게 부동산 커뮤니티에서 빠져나왔다. 커뮤니티 유랑이 끝난 건 아니었다. 이후에도 메뚜기가 이곳저곳 뛰어다니듯 관심사가 바뀔 때마다 커뮤니티를 옮겨 다녔다. 배우 A에게 뜬금없이 빠져들었을 때는 해당 배우의 팬클럽 사이트에 심취했고 책을 내고 나서는 출간 관련 커뮤니티에 머물렀다. 관심사에 따라 선호하는 인터넷 공간이 바뀌는 것이야 자연스러운 일이었다. 그러나 그때마다 모든 세상을 바라보는 창을 해당 관심사로 해석하는 것은 다른 문제였다.

돌이켜 보면 한 공간에 몰입한 만큼 시야가 좁아지곤 했다. 사회적인 이슈나 커다란 사안이 생기면 커뮤니티에 모인 사람들의 의견이 궁금해서 검색을 해봤다. 커뮤니티의 대세 의견이나 주요한 정보를 자연스럽게 흡수했다. 그럴 때마다 나는 해당 커뮤니티에 동화되어 갔다.

이런 사례는 관심 분야에 쉽게 빠져드는 나 같은 성향의 사람들에게만 해당되는 얘기일지도 모른다. 그러나 최근에는 굳이 커뮤니티가 아니라도 많은 이들이 비슷한 온라인 세계에 머물고 있다. 유튜브와 구글이라는 세계다. 이곳에서는 내가 가진 관심사를 검색하기만 하면 관련 정보가 알고리즘의 틀로 전부 뜬다. 매우 손쉽게. 심지어 맞춤형으로 취향과 관심사가 비슷한 이들의 동영상을 보여주기도 한다.

생각해 보면 우리는 적당히 게을러질 권리와 편리함을 동시에 얻은 셈이다. 한편으로는 그 게으름 속에서 바깥을 바라볼 기회를 놓치고 있기도 하지만.

너무 깊은 공감이 가져온 차별 ———

커뮤니티에 머물던 나를 생각해 본다. 나는 당시 같은 커뮤니티 안에 있는 이들에게 강한 동질감을 느꼈다. 만난 적 없는 이들과 제법 끈끈한 인간관계를 맺고 있다고 생각한 시기도 있었다. 비대면의 창에서 공감이란 걸 깊이 있게 느낀 시기였다. 때로는 다른 관심사를 가진 이들을 보면서 조금 답답하다는 느낌이 들기도 했다.

당시 내 머릿속에서 벌어졌던 현상은 공감에 대해 생각해 보게 한다. 흔히 공감능력이 문제란 말을 할 때가 있다. 이때 우리가 문제로 인식하는 건 공감의 깊이다. 상대의 입장에서 더 깊숙이 마음을 살펴보지 못하거나 읽어내지 못할 때, 사람들은 공감능력이 부족하다고 말한다.

그러나 깊이 있는 공감도 때론 다른 세계에 대한 이해를 가로막는 장벽이 된다. 사회심리학자 장대익은 그의 저서 《공감의 반경》에서 차별과 혐오가 공감에서 비롯될 수도 있음을 역설한다. 가장 큰 문제는 인간의 공감능력 범위가 좁다는 것이다. 눈 닿는 곳, 손 뻗치는 곳 내로 한정되기 쉽다. 인간에게는 내가 속한 내집단과 그 바깥의 외집단을 나누려는 본능이 있다. 먼 옛날부터 우리는 생존을 위한 '부족 본능tribal instinct'을 갖고 있고, 팔은 안으로 굽게 마련이므로. 같은 고향이나 학교 출신인 사람들에게 갖는 연대감이 그 예다.

스포츠 경기를 예로 들어보자. 내가 응원하는 팀과 대결하는 상대 팀의 플레이가 객관적으로 더 훌륭할 때가 있다. 이런 상황에서 사람은 객관적으로 생각하기 어렵다. 자신이 응원하는 팀의 선수들을 칭찬하고 상대 팀을 폄하하기 쉽다. 때로는 피해의식도 자라난다. 내가 응원하는 팀이 왠지 불리한 심판 판정을 받는 것처럼 느껴지는 것이다.

반면 특정 학교 출신, 특정 지역 출신, 혹은 특정 회사 출신의 누군가를 만났을 때 나도 모르게 그를 너그럽게 대한 적이 있을 것이다. 특별히 부도덕한 일은 아니다. 원래 인간에게는 '너그러운 내집단 편향ingroup bias'이라는 특성이 있기 때문이다. 이때 내집단에 속하지 않은 이들은 언제든 적이 될 수 있기에 차라리 폄훼하는 쪽으로 인간의 마음이 작동한다.

2016년 〈매일경제신문〉에서 흥미로운 실험을 한 적이 있다. 한국 사회에서 내집단 편향이 얼마나 팽배한지, 이러한 편향이 우리에게 어떤 이중 잣대를 가져오는지 살펴본 것이다.

먼저 한국의 20~30대 젊은이들에게 스포츠 경기에 대한 가상 시나리오를 건넨다. 두 국가가 월드컵 본선 진출권을 놓고 일전을 치를 때 A국가가 결승골을 넣자 B국가 응원단이 비난을 퍼붓는다. 그러자 흥분한 A국 응원단이 상대적으로 소수인 B국 응원단에 일방적으로 폭력을 휘두르는 상황이다.

이때 어떤 나라를 A, B국가로 설정했느냐에 따라 실험 참가자의 판단이 달라졌다. 가해자가 일본 응원단, 피해자가 한국 응원단으로 설정되었을 때 실험자들은 분노를 표출했다. 반대로 한국 응원단이 가해자로 설정되었을 때는 훨씬 더 관대한 평가를 내렸다. 실험 후 정서도 비슷한 맥락을 따랐다. 일본 응원

단이 가해자였을 때는 화, 약 오름, 역겨움, 신경질 등 부정적인
정서가 6.3점이나 되었다. 한국 응원단이 가해자였을 때는 4.2점
에 불과했다. "팔은 안으로 굽는다"는 사실을 그대로 증명하는
결과라 할 수 있다.

　인간의 마음속 본능처럼 일어나는 내집단 편향 현상은 사회
분열과 또 다른 미움의 시작점이 되기 쉽다. 선량한 개인이 모여
도 '우리'를 강조하다 집단 이기주의를 가진 집단이 되는 것도 순
식간이다.

　이런 현상을 날카롭게 지적한 이가 20세기 초반 미국의 개
신교 목사이자 신학자였던 라인홀드 니버다. 그는 저서 《도덕적
인간과 비도덕적 사회》를 통해 도덕적인 사람들이 모인 집단임
에도 불구하고 왜 잔혹한 전쟁을 일으킬 수 있는지 분석했다. 개
인인 인간은 어떤 행위를 할 때 집단적인 사회보다는 도덕적일
수 있다. 타인을 배려하기도 하고 타인의 이익을 존중할 줄 안다.
그러나 인종이나 민족, 계급, 국가 등 사회는 집단의 이익을 우선
하기 때문에 개인보다 훨씬 더 비도덕적이고 이기적일 수 있다.
당장 역사책만 봐도 이런 사례가 곳곳에 등장한다. 제2차 세계
대전 중에 벌어진 홀로코스트 당시 독일인들은 같은 독일 민족
에게만 깊이 공감했다. 그들의 일자리와 경제적 이익을 앗아간
다고 여긴 유대인을 미워했다. 그 뿌리 깊은 미움은 유례없는 학

살을 낳았다.

필터 버블의 세계 ———

내집단을 편애하는 현상은 역사 속 얘기로만 존재하는 게 아니다. 내집단 편향은 21세기, 전 세계 소통이 가능해진 인터넷 시대에 더 심화된 면이 있다. 이전에는 좁은 곳에서 지리적으로 가까운 이들과의 소통이 전부였다면 이제는 지구 반대편에 사는 낯선 존재, 이질적인 존재와도 비대면으로 마주할 수 있게 되었다.

역설적이게도 이러한 기술의 발달이 우리를 새로운 장벽에 가둬두기도 한다. 필터 버블filter bubble이라는 현상이 대표적이다. 필터 버블이란 디지털 미디어 세계에서 맞춤형으로 필터링된 정보만 이용자에게 건네는 현상을 일컫는다. 나도 모르는 사이에 머릿속이 작은 거품 속에 갇힌 것처럼 보여 붙은 말이다.

가령 '대통령'이라는 화제의 단어를 검색해 봐도 필터 버블의 세계를 실감할 수 있다. 필터 버블의 세계에서는 동일한 단어를 검색해도 사람마다 제각기 다른 동영상과 기사가 뜨니까. 보수 성향과 진보 성향의 지지자에게는 당연하게도 정반대의 결괏값이 뜨게 되고, 서로 다른 세상을 살게 된다. 소셜 미디어와 검색 엔진이 발달할수록, 맞춤 검색과 알고리즘의 시대가 진행될수록, 이 현상은 강화된다.

편리한 시대인 건 분명하다. 그러나 수많은 커뮤니티 경험자인 내가 그랬듯, 정보의 범위는 제한된다. 제한된 정보의 반경에 발 디딘 생각만 자라난다. 생각의 틀이 굳어지다 보니 개인의 사고도 경직된다. 또 다른 문제도 있다. 검색의 파도를 몇 번 건너다 보면 자신의 생각이나 주장을 강화할 수 있는 정보만 취하게 된다는 점이다.

어느 순간 필터 버블은 거대한 거품이 되어 개인을 감싼다. 이 현상을 처음으로 지적한 《생각 조종자들》의 저자 엘리 프레이저의 주장에 따르면 필터 버블이 일어나면 정보를 편식하게 되고, 이 편식으로 인해 자신도 모르는 사이 가치관이 왜곡될 수 있다. 정보 제공자가 마음만 먹으면 우리의 생각을 조종할 수 있는 것이다. 결국 자신이 선호하지 않는 정보는 의도적으로 외면하게 된다. 대다수의 인간은 '보고 싶은 것만 보고, 듣고 싶은 것만 듣는 오류' 즉 확증 편향confirmation bias 이라는 성향을 가지게 된다.

그 결과 내집단과 외집단을 가르는 장벽이 더 높고 견고해진다. 이 거품 안에서 내집단 의식은 강화된다. 내집단의 범위가 확장되기도 한다. 굳이 대면으로 만나지 않아도 인터넷 세계에서 나와 같은 정치 성향을 가진 이들, 같은 관심사와 취미를 가진 이들과 의사소통이 가능하기 때문이다.

반대로 나와 다른 의견을 가진 사람, 정치적 성향, 취향과 관심사가 다른 이들은 철저한 외집단이 된다. 인터넷 세계의 비중이 생활에서 높아질수록 더욱 그렇다. 애초에 나와 다른 의견을 가진 이들을 만날 필요가 없을뿐더러 이들의 의견을 실은 신문 기사나 동영상조차 볼 이유가 없기 때문이다.

인터넷 소통이 확장되었을 때 사람들은 '누구와도' 소통 가능한 세계가 열릴 것이라 생각했다. 역설적이게도 기대했던 소통의 확장은 다른 한편에서는 소통 단절을 불러왔다. 내집단 편애는 새로운 장벽을 만들었고 이 장벽이 들어선 세상에서 공감은 멀게만 느껴진다.

그래서 요즘 시대에 '공감능력이 중요하다'는 말은 반은 맞고, 반은 틀리다. 누군가에게 깊숙이 공감하는 능력도 중요하지만, 공감할 수 있는 영역을 넓히려는 의식적인 노력도 필요하다. 낯선 세계의 타인을 만나고 환대하는 태도를 일부러 갖지 않는다면 우리는 방음벽이 설치된 방 안에서 확성기를 대고 소리 지르는 날들을 보내게 될 것이다.

나의 형편없음을 알아차릴 때 ─────

미디어 리터러시와 편견을 주제로 한 고등학교에서 강연을 한 적이 있다. Q&A 시간, 한 학생이 진지하게 물었다.

"제 머릿속 고정관념을 전부 없애고 싶은데 뜻대로 되지 않습니다. 길거리나 지하철에서 낯선 존재를 마주하면 저도 모르게 편견이 생겨요. 머리와 가슴이 따로 노는 제가 위선자처럼 느껴지고요. 마음속 고정관념을 전부 없앨 수 없을까요?"

그럼에도 편견을 물리쳐야 한다는 교과서 같은 답을 할까, 잠시 고민하다 솔직하게 말했다. 마음속 고정관념, 낯선 존재를 멀리하려는 본능을 전부 물리칠 수는 없다고. 하얀 도화지 같은 마음을 지닌 이는 세상에 존재하지 않는다는 답을 건넸다. 낯선 걸 혐오하고픈 내 안의 본능을 알아차리되, 그 본능을 경계해야 한다고. 내 안에 형편없고 구린 마음이 존재함을 알아차리고, 그 형편없음을 직면해야 오히려 본능과 같은 고정관념을 물리칠 용기도 갖게 될 거라고.

가끔은 생각한다. 모든 인간은 하나하나의 텍스트가 아닐까. 각자 삶의 맥락과 이야기를 품은 텍스트 말이다. 아무리 정독해도 늘 오독할 가능성이 존재하는. 가끔은 마음속 관성에 의해 새로운 텍스트는 읽지 않은 채 밀쳐두고 싶어진다. 오독한 채 멀찍이 놓아두고픈 텍스트를 만날 때도 있다.

그러나 철학자 들뢰즈의 말대로 "타자는 자아의 조각난 세계를 맞추는 퍼즐"과 같다. 우리의 자아가 타인과 만남을 갖지 못한 채 고립되어 있다면 조각은 영원히 맞추지 못할지도 모른다. 그래서 우리는 관성을 물리치고 새로운 책장을 펼치려는 노력을 멈추지 않아야 한다. 타인이라는 텍스트를 읽으려는 노력, 그 지점에 서야 비로소 열리는 시선과 세계가 있으니까.

참고문헌

PART 1. 정상
'사모님'과 '어머님', 익숙하고도 낯선 이름
김희경, 《이상한 정상가족》, 동아시아, 2017.
도경은, 〈가정폭력 피해 경험 다시 읽기: 20대 피해 자녀들의 의미 만들기를 중심으로〉, 서강대학교 석사학위논문, 2022.

평균 올려치기의 세상
존 갤브레이스, 《풍요한 사회》, 한국경제신문사, 2006.

이런 나, 비정상인가요
미셸 푸코, 《광기의 역사》, 나남, 2020.
사라 채니, 《나는 정상인가》, 와이즈베리, 2023.

PART 2. 등급
'레테', 무한 등급 나누기의 세계
이철승, 《쌀 재난 국가》, 문학과지성사, 2021.
〈서울신문〉, "경쟁 대학 비방·모욕… 도 넘은 '대학 홀리건'", 2014.5.31.
외교부, '2022 한국경제보고서 주요 내용', 2022.9.26.
수잔 케인, 《콰이어트》, RHK, 2012.

마포 더 센트럴 프리미엄 포레스트
서울특별시, 〈새로 쓰는 공동주택 이름 길라잡이〉, 2024.

피에르 부르디외, 《구별짓기 (상)》, 새물결, 2005.
전상인, 《아파트에 미치다》, 이숲, 2009.
채완, 〈아파트 이름의 사회적 의미〉, 《사회언어학》, 12(1), 231-252. 2004.
정헌목, 〈게이티드 커뮤니티의 공간적 특성과 사회문화적 함의〉, 《서울도시연구》, 13(1), 37-56.
박완서, 《기나긴 하루》, 문학동네, 2012.
오창은, 〈아파트 공간에 대한 문화적 저항과 수락〉, 어문론집, 33, 163-190. 2005.

PART 3. 완벽
육각형 인간과 올드머니 룩: 완벽에 가까운 인간의 탄생
〈경향신문〉, "부티 나게 그러나 조용하게…'올드머니 룩'이 뜬다", 2023.
김난도 외 10인, 《트렌드 코리아 2024》, 미래의창, 2023.
토마 피케티, 《21세기 자본》, 글항아리, 2014.

당신도 갓생을 사십니까
서울연구원, 〈젊은 세대는 무엇을 하며 '갓생'을 살까?〉, 《서울인포그래픽+》, 340.
윌 스토, 《셀피》, 글항아리, 2021.
제이미 배런, 《과부하 인간》, RHK, 2023.

PART 4. 가난
'가난한 동네의 특징'이란 글
오언 존스, 《차브》, 북인더갭, 2015.
센딜 멀레이너선, 엘다 샤퍼, 《결핍의 경제학》, RHK, 2014.
〈중앙일보〉, "9장에 담긴 속앓이…아무도 몰랐던 수원 세 모녀 비극", 2022.8.22.
린다 티라도, 《핸드 투 마우스》, 클, 2017.
노엄 촘스키, 《불평등의 이유》, 이데아, 2018.

'가난하면 애 낳지 말라'는 조언   ',
〈한겨레〉, "지난 10년, 물가 31% 뛸 때 국립대학등록금 최고 83% 올라", 2011.
2024년 4월 대학정보공시 분석 결과 발표
국회의원 유기홍&대학교육연구소, 〈대학생 삶의 비용에 관한 리포트 II〉, 《2023 교육위원회 국정감사 자료집 4》, 2023.
이혜지, 〈저소득층 명문대생의 진학 포부 형성과정 연구〉, 서울대학교 대학원, 2020.

〈중앙일보〉, "성적은 소득순? 5년간 SKY 신입생 고소득층 늘었다", 2023.3.16.

정종우 외 2인, 〈입시경쟁 과열로 인한 사회문제와 대응방안〉, 《한국은행 리포트》, 제 2024-26호.

이지혜, 채재은, 〈저소득층 대학생의 대학생활 적응과정〉, 《평생학습사회》, 9(1), 1-27. 2013.

〈서울경제〉, "빈혐貧嫌 사회…가난이 죄인가요?", 2018.3.26.

국제개발협력민간협의회, 〈아동 권리 보호를 위한 미디어 가이드라인〉, 2014.

PART 5. 권리

왜 바깥에 나가 돌아다니느냐는 말

보건복지부, 〈2023년 장애인 실태조사 결과 발표〉, 2023.

정예원, 김대원, 이동민, 〈다중선형회귀모형을 이용한 교통약자 측면의 도시철도 환승역 환승보행 서비스수준 평가 연구〉, 대한교통학회 학술대회지, 서울, 2022.

장승화, 박종한, 김새힘, 고준호, 〈저상버스 이용의 지불의사액에 미치는 영향 요인 분석〉, 대한교통학회 제91회 학술발표회 발표집, 2024.

김원영, 《실격당한 자들을 위한 변론》, 사계절, 2018.

양혜승, 〈장애인을 향한 시선 전장연 지하철 시위 관련 네이버 뉴스 댓글에 대한 텍스트 마이닝 분석〉, 《한국방송학보》, 37(6), 197-241, 2023.

https://www.denverlibrary.org/teen/guide/adapt-and-disability-rights-movement

보건복지부, 〈2020년 장애인 실태조사〉, 2021-12-22.

'고객이 왕'인 세상의 비밀

게오르크 루카치, 《역사와 계급 의식》, 지식을만드는지식, 2015.

장강명, 《산 자들》, 민음사, 2019.

〈경향신문〉, "'진상 고객' 들끓는 日… 지자체, '고객 갑질' 방지 조례 제정 나서", 2024.2.20.

권리 오독의 세상

초등교사노동조합, '교권 침해 실태조사 보도자료', 2023.7.25.

〈한국교육신문〉, "무분별 고소·고발…줄지 않는 악성 민원 교권 침해", 2024.05.29.

2020년 충주시 유튜브 채널, "공무원은 내 세금을 얼마나 받아먹을까?"

https://www.youtube.com/watch?v=EgIus_6EMeU

《세계인권선언》 전문(Universal Declaration of Human Rights). 1948.

PART 6. 노력
노력한 만큼 대접받고 싶다는 말
박권일, 《한국의 능력주의》, 이데아, 2019.
〈조선일보〉, "노력 안 하고 정규직? 하태경 '로또취업방지법' 발의한다", 2020.6.24.
마이클 영, 《능력주의》, 이데아, 2020.
정한울 외, 〈한국사회 공정성 인식 조사〉, 2018.

활동 상태 '쉬었음'과 노력 부족이라는 낙인
〈경향신문〉, "그냥 쉼, 길게 혼자서… 고립은둔 청년들 이야기", 2024.09.29.
〈중앙일보〉, "'안무서운집'에 사는 청년 8명, 그들의 특별한 스탠딩 코미디쇼", 2023.06.23.

PART 7. 자존감
자존감 대유행 시대
김태형, 《가짜 자존감 권하는 사회》, 갈매나무, 2018.
마크 R. 리어리, 《나는 왜 내가 힘들까》, 시공사, 2021.
윌 스토, 《셀피》, 글항아리, 2021.

자존감과 쓸모의 사회
이반 일리치, 《그림자 노동》, 사월의책, 2015.
리처드 세넷, 《뉴캐피털리즘》, 위즈덤하우스, 2009.
데이비드 그레이버, 《불쉿 잡》, 민음사, 2021.

PART 8. 공감
"너 T야?"라는 말에 담긴 해묵은 논란
장대익, 〈거울 뉴런에 대한 최근 연구들〉, 정보과학회지, 30(12), 43-51. 2012.
수전 손택, 《타인의 고통》, 이후, 2004.
폴 블룸, 《공감의 배신》, 시공사, 2019.
장대익, 《공감의 반경》, 바다이야기, 2022.
〈매일경제신문〉, "똑같은 잘못도… 우리 집단엔 관대, 타집단엔 엄격", 2016.5.11.
라인홀드 니부어, 《도덕적 인간과 비도덕적 사회》, 문예출판사, 2017.
엘리 프레이저, 《생각 조종자들》, 알키, 2011.

평범한 말들의 편 가르기,
차별의 말들

초판 1쇄 인쇄 2025년 4월 5일
초판 1쇄 발행 2025년 4월 12일

지은이　　태지원

펴낸이　　한선화
기획편집　이미아
디자인　　형태와내용사이
홍보　　　김혜진
마케팅　　김수진

펴낸곳　　앤의서재
출판등록　제2022-000055호
주소　　　서울 서대문구 연희로 11가길 39, 4층
이메일　　annesstudyroom@naver.com
인스타그램 @annes.library

ISBN 979-11-90710-97-8 (03300)